家庭教育，真知道

赵曼云 / 著

环境适应锻造融入力

海豚出版社
DOLPHIN BOOKS
CICG
中国国际传播集团

图书在版编目（CIP）数据

环境适应锻造融入力 / 赵曼云著 . -- 北京 ：海豚
出版社，2023.4

（家庭教育，真知道）

ISBN 978-7-5110-6289-5

Ⅰ . ①环… Ⅱ . ①赵… Ⅲ . ①家庭教育 Ⅳ . ① G78

中国国家版本馆 CIP 数据核字（2023）第 031016 号

家庭教育，真知道：环境适应锻造融入力

作　　者：赵曼云

出 版 人：王　磊
策　　划：成长家俱乐部
责任编辑：梅秋慧　白银辉
装帧设计：赵　欣　王艾迪
插　　图：潘蕾磊
责任印制：于浩杰　蔡　丽
法律顾问：中咨律师事务所　殷斌律师

出　　版：海豚出版社
地　　址：北京市西城区百万庄大街 24 号　　邮　　编：100037
电　　话：010-68325006（销售）　010-68996147（总编室）
印　　刷：北京联兴盛业印刷股份有限公司
经　　销：新华书店及网络书店
开　　本：710 毫米 ×1000 毫米　1/16
印　　张：14.5
字　　数：220 千字
版　　次：2023 年 4 月第 1 版　2023 年 4 月第 1 次印刷
标准书号：ISBN 978-7-5110-6289-5
定　　价：36.00 元

家庭教育研究的优秀成果

我在病房看到赵曼云同志《家庭教育，真知道》即将出版的消息，就想写几句话向家长们推荐，但是当时健康状况让我动不了笔。如今一出院，我就匆匆忙忙来写几句。这是因为我认为曼云是个努力用心的人。这套书是她多年从事有关家庭教育咨询、培训等工作经验的结晶。她帮助过的家庭孩子成长的经历，特别是她自己的女儿成长的过程，丰富了她的认识，也验证了她的认识。把这些都总结起来，为更多的家长提供帮助，是一件大好事。

人的成长是一门大学问。简单的几个方法是不够用的，曼云的书名中"真知道"三个字含有深意。希望得到此书的读者能够真下功夫，认真阅读和领会，不负曼云的苦心。

当然，曼云也不可能穷尽有关家庭教育的一切规律性知识。实践无限丰富，实践在不断发展。永远会有许多新的问题等待我们去解决，永远会有许多新的知识等待我们去认识。我相信，曼云的认识也一定会不断地向前发展。

中宣部原常务副部长、中国家庭文化研究会原会长　徐惟诚

2023年2月25日　星期六

种子与土壤

孩子是种子。家庭教育的本质是把种子唤醒。

两千多年前，"西方的孔子"苏格拉底发现了这个秘密。他的母亲是一个接生婆，在母亲接生的过程中，他发现：孩子原本就在妈妈的肚子里，接生婆只是把孩子接出来，让人们看到孩子。每个孩子都是完整的，他们是带着生命的潜能来到这个世界上的，成人的任务就是唤醒孩子的潜能。正如苏格拉底所说："每个人身上都有太阳，只是要让它发光。"爱尔兰诗人叶芝有句名言："教育不是注满一桶水，而是点燃一把火。"家庭教育的本质正是要把种子唤醒，让他心中的太阳发光发热。

家庭是土壤。父母的责任是为种子提供有丰富营养的土壤。

真知道什么是爱的父母，才能打造出一片适合孩子成长的爱的土壤，从而让爱的种子生根、开花、结果，长成爱心大树。

不知道什么是爱的父母，只能给孩子一片贫瘠的土壤，让生命的种子干瘪，让爱的情感消失，最终长成恨的大树，结出恨的果实。

如何营造出爱的土壤？这是所有的父母期待回答的难题。

曼云用心写的这套《家庭教育，真知道》，为广大家庭该如何营造爱的土壤，提供了行之有效的方法。正是这种方法，让她拥有了知心的女儿和幸福的家庭。

曼云是我的学生，也是我的同事，更是我的朋友，我们在一起做"知心姐姐"的工作已经有多年了。曼云非常爱学习，她总是充满热情地在学习新的东西。她性格开朗、乐观，是一个才华横溢、善于表达的女孩。

这些年来，曼云努力地研究家庭教育，曾写出了很接地气的书《好妈妈，真知道》，这次又出新作《家庭教育，真知道》。她那种逼着自己学习研究的精神是难能可贵的。

仔细阅读这套书，我的心中一直涌动四个字：种子·土壤。

一颗好的种子，究竟需要什么样的土壤呢？家庭又该如何营造这样的土壤呢？书中提出了很好的建议。

曼云身为一位母亲，在多年的儿童青少年心理学研究和家庭教育实践中，她发现孩子的成长问题都可以从"身""心""育"三个方面进行解读。

好的土壤要具备三个条件：

条件一：宽松

生命的成长需要雨露。雨露能让土壤变得松软。

"身"作为生命的载体，需要宽松的环境。板结的、没有空气的土壤，是培育不出好的种子的。农民知道给种子松土，让种子有自由成长的空间。父母更需要给孩子创造出宽松和谐的生长环境。宽松是成长的雨露。

曼云说得好："孩子从小就拥有一个能让他轻松发言、充满好奇心、勇于试错、父母无条件爱他的环境，成长的道路才会是宽敞的。这样的父母才能帮助孩子成为一个积极有爱的人，一个拥有正确的价值观的人，一个人格健全的社会人。"

她说得好，也做得好。

她的女儿欣欣，是我的"忘年交"。十二年前欣欣出生时，我就去医院看过她。她是个早产儿，出生时才四斤多。乐观的妈妈、负责任的爸爸以及爷爷奶奶、姥姥姥爷用爱哺育着她、养育着她，给予她了十分宽松自由的成长环境，使欣欣从小就拥有乐观心态，敢说敢做。每年来我家玩，都会滔滔不绝地讲她们班里的"小破事儿"，常常讲得我捧腹大笑。曼云在旁边不停地拍着视频，默默地在支持着孩子尽情表达。

在这套书里，我最爱看的就是"欣大侠的小故事"。一个孩子能够敞开心怀诉说自己心中的快乐与烦恼，是可喜可贺的。没有宽松的家庭环境，孩子是不可能有这种性格的。

条件二：陪伴

生命的成长需要阳光。阳光的陪伴让土壤变得温暖。

"心"作为感受世界的器官，需要有温度的陪伴。没有人陪伴的种子长不好，没有人陪伴的孩子，心灵的世界永远有缺陷。陪伴是成长的阳光。

爱是需要表达的，只有陪伴孩子，孩子才能接受这种爱的表达。唤醒孩子不靠说教，靠身教。孩子从小不仅听父母说，还会看父母做，才会把做人做事的道理记在心里，变为自己的行为。

曼云长大成人后还没有忘记父亲、母亲对她说的话和为她做的事。她一直记得父亲曾告诉过她"工欲善其事，必先利其器"。父亲还曾委托老朋友从东北买了松木，请木匠给女儿打了一个宽大的写字台和两个结实的书柜。父亲这种严肃认真的态度，让女儿不得不把读书学习看作一件很重要的事。言行有度的父亲，用自己的言行在女儿心中埋下爱读书爱学习的种子。

父母的话，能让孩子一辈子记得住，忘不了，用得上，这才是真正的家庭教育。

曼云总结得很好："孩子因为父母的言行而感到安全、自由，在做事的过程中就显得更加大胆、独立，有信心；孩子因为父母的爱而心情愉悦，充满幸福感，面对父母时就能充分表达自己内心的感受；孩子因为父母的爱而感到被支持，有足够的空间自我探索，且对未来充满希望。"

所以，父母如果能够做到与孩子心与心的沟通，那么在孩子的征途中一定不会缺位。童年时你用心陪伴了孩子，当你变老时孩子也会用心陪伴你。

陪伴孩子时不能忘记尊重、接纳、平等、合作。切不可高高在上，打着"我爱你"的幌子，把爱变成伤害。当前有五种爱对孩子的伤害最大：

溺爱，让孩子变得无情；

替爱，让孩子变得无能；

骂爱，让孩子变得懦弱；

霸爱，让孩子变得卑微；

乞爱，让孩子失去尊严。

条件三：规则

生命的成长需要肥料。肥料让生命长得强大。

美国前总统罗斯福说过："有一种品质，可以使一个人在碌碌无为的平庸之辈中脱颖而出，这个品质不是天资，不是教育，也不是智商，而是自律。"

孩子不自律是本能，让孩子自律是本事。与其下功夫管孩子，不如让孩子学会自己管自己。管好自己就能飞。

管理自己，首先需要懂规则。

一个孩子只有懂得什么事该干，什么事不该干，才能在这个世界上生存。如果想干什么就干什么，一定被撞得头破血流。放手不等于放纵，自作必须自受。一个孩子从小能够对自己的行为负责任，才能成为有用的人。

"一个和谐稳定的家庭，必定是一个有规则的家庭。"曼云在书中提出家庭规则制定的"三要素"也是值得借鉴的：

第一，符合家庭成员共同利益，简单明了适用；第二，良好的关系是制定家庭规则的基础；第三，家规要有利于促进家庭关系良性发展，家庭成员要共同遵守。

父母要让孩子从小知道人生的红线不能触碰。如吸毒、赌博、欺诈、骗人、奢靡、贪婪、偷窃、假公济私……一点不能沾。

父母给孩子讲规则，就是给种子施肥。

孩子只有具备很好的规则意识，才能让童年生活在有序中保持规则，形成属于他们的乐趣；

孩子只有具备很好的规则意识，才能体会到生命的成长，感受到童年的价值，收获到属于自己的未来。

父母的一言一行、一举一动都是孩子模仿的内容，都是孩子的重要环境。你的恰当言行就是规则最好的体现，如同春雨无声，滋润万物。在家庭生活中，父母要求孩子做到的，自己首先要做到、做好，父母要将遵守规则当成一个习惯。

当规则意识深深地镌刻在一个人心灵的碑石上，当责任感自然而然地践履于个人的行动中，他就感觉不到规则的约束，感到的是义不容辞和责无旁贷。于是，自律也就形成了，精神的自我完善也就水到渠成了。

好种子需要好土壤，好孩子需要好家庭。好家庭需要好父母，好父母需要好孩子。

真知道这些道理，家庭教育就做好了。

知心姐姐　卢勤

目录

推荐序1　家庭教育研究的优秀成果 / Ⅰ

推荐序2　种子与土壤 / Ⅱ

成长篇　**孩子总有独自出发的那一天**

第一章　生命教育——理解身体的发展规律/003

曼云会客厅/004

点对点，真知道/005

是什么/006

为什么/006

怎么办/008

通过生命周期，了解生命发展的全貌/008

性教育/012

保护身体/015

疾病和心理/018

死亡教育/020

欣大侠的小故事/024

我想与您分享/025

第二章 提升适应性——每个成长阶段的必修课/027

曼云会客厅/028

点对点，真知道/029

是什么/030

适应性/030

适应性问题/030

为什么/032

适应环境是成长的必经之路/032

陌生感造成不适应/033

束缚感引发不适应/034

能力不足引发不适应/036

怎么办/036

用"去陌生感"来应对即将到来的新环境/037

用WWH应对新规则带来的束缚感/038

用提升能力弥补不足/040

特殊的适应问题——校园欺凌/042

用"身、心、育"三分的方式回应校园欺凌/045

欣大侠的小故事/047

我想与您分享/049

第三章 美育的力量——拓宽生命的幸福源/051

曼云会客厅/052

点对点，真知道/053

是什么/054

美学/054

美育是将美学渗透进生活的教育/054

美育是心灵的加油站/055

为什么/055

美育能帮孩子保持感性的心/056

美育有跨学科"转移"的力量/057

怎么办/059

除了专业和技能，还要培养孩子对美的感知能力/059

在体验中提升孩子的审美素养/061

用艺术创作发展孩子的创造力/062

让孩子初步建立对美的判断和评价/063

让美育成为孩子心灵的庇护所/066

欣大侠的小故事/068

我想与您分享/069

格局篇 **不设限，打开视界延展认知半径**

第四章　行万里路，用"心"的探索走世界/073

曼云会客厅/074

点对点，真知道/075

是什么/075

为什么/077

打开视野，开阔心胸/077

见识世界，打开思想的多元视角/077

怎么办/079

走世界不是满足虚荣心/079

走世界要摒弃功利心/080

三步骤完成有意义的旅行/081

不要忽略孩子的状态和感受/083

激发孩子的自主参与性/086

不设限，才无限/086

自己策划家庭出行/088

欣大侠的小故事/091

我想与您分享/092

第五章　媒介素养——用"思"的智慧接收有效信息/095

曼云会客厅/096

点对点，真知道/096

是什么/097

良好的媒介素养助力格局的提升/097

家庭教育中需要重视媒介素养的培养/098

为什么/099

信息过度管控是亲子冲突的焦点/099

避免孩子受到负面信息的伤害/100

接收优良信息才有助于扩大格局/102

怎么办/102

帮助孩子提升媒介素养三步骤/102

亲子共享信息/110

做精神世界的同行人/112

欣大侠的小故事/115

我想与您分享/116

第六章　读万卷书，用"阅"的路径打破环境壁垒/119

曼云会客厅/120

点对点，真知道/121

是什么/122

为什么/123

阅读促进大脑发展/123

读书明智/124

读书提高写作能力/126

读书提升格局/126

怎么办/127

身：创建良好的读书环境/127

心：给心灵一双翅膀/131

育：做孩子读书的榜样/134

文化的力量/136

欣大侠的小故事/137

我想与您分享/138

社会化篇　　**立足支持体系，拥有走向未来的力量**

第七章　亲密关系是值得终身探索的生命课题/143

曼云会客厅/144

点对点，真知道/145

是什么/146

为什么/148

幼年时良好的亲密关系更有利于人际关系的发展/148

良好的亲密关系令人更有价值感/150

怎么办/151

建立良好的亲子关系/151

帮孩子在同伴中实现友谊的亲密关系/156

用良好的亲密关系为爱情婚姻提供保障/158

欣大侠的小故事/161

　我想与您分享/162

第八章　职业生涯规划，放宽眼界去衡量/165

曼云会客厅/166

　点对点，真知道/167

是什么/168

　职业生涯规划/168

　未成年人职业发展理论/168

为什么/170

　有助于培养健康的自我意识/170

　为社会化做必要的准备/170

怎么办/172

　生涯规划要符合职业发展的阶段特点/172

　做好生涯规划需要系统的探索/175

　规划未来要从当下做起/181

欣大侠的小故事/183

　我想与您分享/185

第九章　做一个值得自己和他人尊重的人/187

曼云会客厅/188

　点对点，真知道/189

是什么/190

为什么/191

　获得幸福感的内在力量/191

　自己内在的行动标尺/192

怎么办/193

三个智慧父母锦囊，助力孩子成为他自己/193

帮孩子认识自己，找到尊重自我的支点/198

帮助孩子提升自我价值感/201

欣大侠的小故事/204

我想与您分享/207

后　记　家庭教育，让我的人生充满力量/208

成长篇

孩子总有独自出发的那一天

父母如何帮助孩子找到生命成长的方向，是家庭养育过程中的一个重要课题。

成长探索，从狭义上来讲，是对生命的客观载体的探索，当中包括身体教育、性教育、有关疾病和生死的讨论等话题。

从广义上来讲，这种对生命的探索也是一种全人的教育。我们不仅要让孩子在每一个阶段到来时能更快地适应环境，提升生存能力，还应和孩子一起认识生命的意义，帮助孩子提升生命的价值，以及对生命情调的追求。

第一章

生命教育——理解身体的发展规律

📝 曼云会客厅 <<<

　　我和先生感情很好。他是律师，工作很忙，但只要在家，他一定会为我们做大餐。女儿说将来就要找一个像爸爸这样优秀的伴侣。

　　高一那年暑假，我和女儿晴晴一起回到了我的老家四川，看望我的父母。刚回去第三天，我接到孩子姑姑的电话，说我先生没了。这简直是晴天霹雳！我不敢相信，一向很健康的先生怎么说没就没了。我带着女儿匆匆回到北京。一路上我的眼泪不停地流，走路时腿都是软的。

　　其实我的心情有点复杂，情感上也有些抱怨："我们俩感情这么好，为什么他在最后一刻没有给我打电话，而是打给了他姐姐？难道他就没有什么跟我交代的吗？"从理智的角度考虑，我觉得他当时一定没有意识到会这么严重，只是打了电话给能够马上赶过来的姐姐，而我们太远了，他担心打给我只会让我们担心和干着急。想到这儿我更加悲从中来，他都到生命的最后一刻，还在照顾和呵护着我们，而他自己却这样一个人孤零零地走了，甚至都没有等到急救车和他姐姐到来。最后的时刻，他该是多么难受啊！

　　我先生现在已经走了几个月了，我心里一直过不去这个坎儿，最近才稍微缓过来一些。我突然发现，晴晴从始至终都比我冷静，我从来没有见她不顾一切地大哭，而是很快就跟没事人一样上学去了，要说有什么不一样，就是性格仿佛更加开朗了。每天回来笑眯眯的，看到我难过还安慰我，听老师说在学校和同学们说说笑笑，大家都看不出来她家里刚发生了这么大的事情。

　　您说我女儿是真没心没肺呢，还是刻意将感情隐藏起来了呢？她跟爸爸感情这么好，如果把情绪都压抑起来，肯定对她的身心健康不利。我想跟女儿谈谈，但她总是轻描淡写地把话题岔开，我就不知道该怎么进行下去了。

——来自晴晴妈妈的分享

💡 点对点，真知道

◎ **身：** 晴晴爸爸正值壮年，在一个意料之外的情况下离世。他的离世对这个家庭来说，失去了一个顶梁柱；对晴晴妈妈来说，失去了一位相爱的伴侣；对晴晴来说，失去了最亲爱的父亲。无论从哪个角度来讲，都是一件令人难以承受的事情。

◎ **心：** 这是一个突然发生的事件，意外打击会让人因为毫无准备而加剧痛苦，所以晴晴妈妈"一直过不去"。正因如此，当她发现女儿在痛失父亲后，还"跟没事人一样"，才会很担心。

◎ **育：** 每一个人生命的来去，都牵连着亲人的心，带来喜乐或悲伤。当新生命到来时，人们会喜不自禁，广而告之，分享生的喜悦。当有亲人离世，人们往往不愿意与他人多说，甚至在亲近的人之间，也会出于避讳、不想伤心外露、让亲人放心等原因而回避表达。晴晴正是如此，爸爸的突然离世、妈妈的伤心难过让她一夕长大，用掩饰伤痛的笑脸让妈妈放心，用单薄的肩膀抗起营造家庭幸福氛围的责任。但实际上，妈妈并没有因此而感到宽慰，反而多了一份担心，担心女儿的心过度压抑。

类似的情形，在很多突发创伤性事件的家庭中都可能发生。我请晴晴妈妈跟女儿开一次专题家庭会议，议题是晴晴的爸爸。晴晴妈妈可以分享她和晴晴爸爸年轻时女儿不知道的故事，晴晴可以分享爸爸在世时一些温暖的瞬间。最后，让她们把对爸爸的思念向对方表达出来。会议的最后，母女俩痛痛快快地大哭了一场。自从举行了这次家庭会议之后，母女俩的关系更加亲密，彼此更信赖，慢慢地接受了爸爸离开的事实。从第二年开始，母女俩还自创了一个家庭仪式，就是每年清明节，她们分别给晴晴爸爸写一封信，在信中倾诉对他的思念和感谢。

是什么

单纯理解"生命"一词，《韦氏词典》给出的定义是："由高分子的核酸蛋白体和其他物质组成的生物体所具有的特有现象。与非生物不同，生物能利用外界的物质形成自己的身体和繁殖后代，按照遗传的特点生长、发育、运动，在环境变化时常表现出适应环境的能力。"

人类的生命也符合这个定义。父母可以根据生命的定义来了解、理解孩子，即他们具备遗传的特点，按照一定规律成长，并且有足够的适应变化的能力。

这就是"身"：客观层面的生命。在家庭教育中，这部分内容应是对孩子进行有关身体的教育。

当然，生命教育的目标不仅仅是让孩子认识生命的物质形态，还在于引导孩子理解生命、尊重生命、热爱生命，让孩子懂得珍惜、珍重包括自己在内的每一个生命。

为什么

关于生命教育，很多人会存在认识上的误区：我的身体我还不知道？我天天跟孩子在一起，长个斑我都能快速发现，这有什么好讲的呢？

你所谓的"知道"不一定是"真知道"。

有关身体，"生、长、老、病、死"这几个字，每一个都代表着一个领域。我们日常对身体和生命的所知所感，可能只是管中窥豹罢了。

我曾看到过一个报道，有一位年轻的男性，仅仅因为想买一部某品牌的手机就出卖了自己的一个肾脏，过几年有人再去采访他时，发现他早已经失去了健康的身体。

还有未成年人因为发生性行为而导致怀孕，给自己的一生都留下无法抹去的阴影。

我还接触过多例像本章开头提到的晴晴家的案例，因为父母一方甚至双方突然离世给孩子带来了巨大的打击，而亲人不知道该怎么安慰，以致孩子长期不能走出伤痛。

当然，家庭教育中的生命教育不仅仅局限在物质层面，更和孩子的心理健康息息相关。

早在2018年，《青年蓝皮书：中国青年发展报告》就显示，中国17岁以下的青少年中，有约3000万人受到各种情绪和行为问题的困扰。

有研究指出，中国青少年抑郁症状的发生率随着时间的推移而上升。2019年中国青少年研究中心与中国科学院心理研究所针对青年进行的心理健康专题调查显示，14—18岁的青少年中有7.7%存在抑郁高风险，5.1%存在重度焦虑情况。

据《儿童蓝皮书：中国儿童发展报告（2021）》数据显示，近些年来，由于生活节奏的加快和社会竞争的日趋激烈，我国儿童的心理健康状况令人担忧。

伴随着这些数字，非自杀性自伤、自残，甚至自杀行为在青少年群体中更是不知凡几。每当这类新闻见诸报端时，与其感慨"现在的孩子越来越玻璃心，心理素质越来越差"，我们更应该反省，是我们疏于了哪方面的教育，让孩子把破坏自己的身体当作了解决问题的方式。

事实上，生命的价值被许多孩子极大地低估。当前有关生命教育的体系不太完善，孩子们接受生命教育的途径也十分有限。当遭遇了压力和挫败而失去希望时，有些孩子把自己的身体当成了唯一可控的对象。

除此之外，网络中充斥着各种各样的生死论，近些年甚至出现了拿生命当筹码的游戏，这类游戏一步步升级，最终引导游戏者结束自己的生命。

由于孩子的认知半径非常有限，他们很容易迷失在复杂的网络世界中。孩子们或许并不能完全理解，虽然现实的挫败可能会在网络中得到代偿，但是游戏里的死后重生，却绝不可能在现实中上演。如果孩子有足够的生命教育作为基础的认知保护屏障，也许就不会轻易做出令人心痛的自我伤害。

最后，生命教育不光是为了保护，也是锻炼。每一次有关身体、性、疾病、死亡等生命话题的讨论都是对未来的预演。和孩子全方面地开展对生命的探索，能够帮助他们更好地应对以后要面对的和生命相关的压力，即使遭遇意外也不至于手足无措。

正因如此，对孩子进行生命教育非常有必要。

怎么办

📖 通过生命周期，了解生命发展的全貌

人类的生命周期，如下面这张图所示。拿一位男性举例，主要有六个阶段：胎儿、婴幼儿、儿童、青少年、成年和老年。

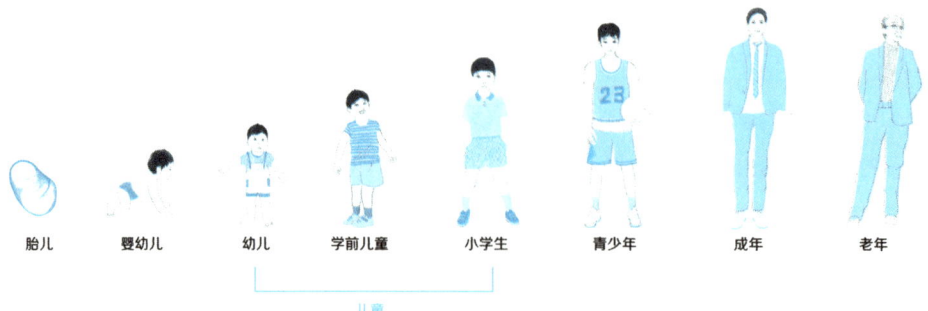

胎儿　　婴幼儿　　幼儿　　学前儿童　　小学生　　青少年　　成年　　老年

儿童

第一个阶段是胎儿期。

很多研究表明，胎儿时期的发育会受到母亲孕期的情绪影响。《山西医科大学学报》上发表过一篇相关论文，叫《产前焦虑情绪对胎儿血流循环及围产结局的影响》。该文作者对300多名正处于37—40周的准妈妈进行了产前问卷调查，记录了超声脐血流仪测定脐血流S/D值、RI值以及分娩方式、新生儿评分、出生体重等内容，并对脐动脉血中胎儿有核红细胞的含量进行了检测。他得出了准妈妈孕期焦虑情绪对胎儿发育有不利影响，可导致胎儿宫内慢性缺氧，增加产妇手术助产率，并可导致低出生体重发生风险增高等结论。

除此之外，也有研究表明，准妈妈对自己怀孕这件事的接纳程度、对新生命的欢迎程度等也会对胎儿发育有影响。

因此，应重视准妈妈孕期的心理健康，使她们减少压力、降低焦虑。

第二个阶段是婴幼儿期。

婴幼儿阶段，宝宝需要学会吃、喝、拉、撒、说话、走路等基础的生存本领，还开始发展表达情绪、与人交流、理解外部信息等社会功能。你会发现，即使在婴儿学会说话之前，他们也会使出浑身解数，通过微笑、哭泣、喊叫等行为来进行交流。

第三阶段是儿童期。

这个阶段包括1—3岁的幼儿，也叫学步儿童。孩子开始学习走路，语言发展日新月异。他们的生活环境从以家庭为主转向社会扩展，会接触更多的陌生人。

还包括3—6岁的学前儿童。这个阶段的儿童身体快速发育，自控能力增强，已经能说出完整的句子来表达自己的需要，初步认识社会规则。通常来讲，学前儿童走出家庭、进入幼儿园，是步入了他们人生中第一个稳定的社会环境，学前阶段是开始真正意义上的社会交往，和他人建立稳定关系的阶段。

儿童期的6—12岁是小学阶段。这时期孩子的身体发育依然很快，到后期开始进入青春期，他们需要了解身体的特征和变化。同时孩子开始学习文化知识，丰富认知；进一步认识社会，学习建设关系；对自我有初步的认识，建立自信心和勤奋感。

第四个阶段是青少年期。

在这个阶段，孩子的身体发育逐渐成熟，开始关注异性。认知更丰富，对世界的探索更倾向于独立思考；形成初步的自我认识、自我评价；生活、学习能力接近成人。

第五个阶段是成年期。

成年通常从20岁开始算，持续到65岁，核心阶段是36—55岁。在成年期这一阶段，个体独立走上社会，规划、选择、实现自己的人生蓝图，一直到退休。

最后一个阶段是老年期。

进入老年期，人体机能开始老化，会出现很多退行性疾病、慢性病以及重大疾病。因此，这一阶段的主要任务是面对日渐老迈的身体，帮助自己减少病痛，更健康地生活。随着医疗科技的发展，人们的老年阶段已经比20世纪有所延长。大部分老年人卸下家庭的重担和社会的主要责任，也有许多人即使进入了老年期，也依旧没有放弃社会劳动。如何有价值地度过自己人生的最后一个阶段，是一个值得人们深思的话题。

对孩子来说，了解生命周期的意义在于对当下状态有所了解，并对未来阶段有所准备。当孩子们能够把人生放在一条有限的长线段上看，就会对当下的困境多一些接纳和希望，对生命也会更加珍重。

对父母来说，了解孩子每个成长阶段的重要任务和局限，接纳他们成长中出现的问题，可以更加全面地理解自己在孩子每个成长阶段中的任务，从而珍惜当下、热爱生命。

就像春有百花遍野、夏有浓荫蝉鸣、秋有落叶果实、冬有银装素裹一样，人生的每个阶段都有各自的价值和意义。让我们正视生命周期，去理解并接纳生命过程中的每一段色彩与风景吧。

有一年暑假，娜娜（16岁，女）和妈妈一起回到老家探亲。

在老家的小山村里，娜娜遇到了两个令她印象深刻的人。

一个是住在村口榆树旁6岁的妞妞，另一个是住在山坡上的百岁老人三大娘。

老家村子里的人之间多少都沾亲带故，算起来，娜娜算是妞妞的表姨。还未成年的娜娜头一次被人叫"姨"，这体验很是新奇。因为这层关系，暑假期间，娜娜有时间就带着妞妞玩耍。

三大娘按照辈分算是娜娜的姥姥，看着娜娜的妈妈长大。三大娘一生有三个孩子，但都没在老家，三大娘一个人住在山坡上的小院子里。老人虽然已经百岁，可是身体和记忆力都很好，平时生活自理，也能给自己做饭。只不过老人弓起的后背、缓慢的步伐，以及浑浊的双眼都是岁月留在她身上的痕迹。

娜娜的妈妈念着幼年的情谊，隔三岔五就带着娜娜去看望三大娘，连带着娜娜的小跟屁虫妞妞也总跑到三大娘的院子里玩。

三大娘很喜欢孩子，对娜娜她们三个的串门也非常欢迎。

有一天下午，老少四人聚在三大娘院子里的大树下闲谈。

妞妞抱怨说自己最近开始换牙，门牙处空了一块，很不好看。过了一会儿，娜娜也嘀咕自己最近青春期激素分泌旺盛，下巴上的痘痘已经三天了都没消下去。

娜娜的妈妈说："你们两个小丫头的烦恼都不算什么，中年人的生活才辛苦，眼角细纹、小腹赘肉，还有发际线后退，哪个不扎心？"

三大娘坐在一旁，听着她们的对话，笑呵呵地从兜里抓出一把牛奶糖给妞妞和娜娜，最后娜娜的妈妈也被塞了两块。

在女儿面前，娜娜的妈妈有些不好意思。

"我都多大人了，您还给我糖？"

三大娘慈爱地微笑着说："你们都是好孩子。"

娜娜拿着手机给四人照了张照片。三大娘看着合影感慨道："不知道你们以后再回来，还能不能看到我喽。"娜娜和妈妈听了有些伤感。

回家后，母女俩商量只要有时间，一定再回老家来看望老人。

一张照片偶然地记录了人生的四个阶段。

妞妞空着的那颗门牙、娜娜下巴上的青春痘、妈妈眼角的皱纹，以及三大娘佝偻的背脊，都是生命旅程中不同站点的印记。无数这样的掠影汇在一起，便汇成了那条奔流不息的生命长河。

📖 性教育

在生命教育中，性教育是一个难点。很多父母自己就"谈性色变"，更不要说对孩子进行性教育了。即使在21世纪的一线城市，也依旧有很多家庭对性教育持回避态度。

为什么呢？

有一些家庭是不会谈，父母本身就缺乏系统的性教育知识，不知道该什么时候谈、谈什么，遇到特殊情况更是不知道从何谈起。

另一些则是不敢谈。有些父母把"性知识"看作洪水猛兽，仿佛一旦谈了，孩子的思想就不纯洁了，还会因为过度关注而出现问题，影响学习。

还有一些虽然行为上谈了，但态度是回避的，比如不科学地夸大性相关内容的危害性，警告或者威胁孩子远离性。

性教育的缺失是家庭教育中的巨大漏洞之一。而孩子对于性的好奇心却是与生俱来的。因为性激素是客观存在的，促进生命个体的生长发育和生殖器官的发育及成熟。一般来讲，性冲动会伴随着生殖器官的成熟一同到来，同时孩子的心理成熟度提高，开始表现出对自我形象的在意和对异性的关注，以及产生对性进一步探索的欲望。

就在有些父母掩耳盗铃或羞于启齿的时候，孩子早已经通过网络得到了各种各样有关性的信息。如果一个未成年人从来没有接受过科学的系统的性教育，很难预料他将顺着网络这条信息快速通道滑向哪里。

这也是我们有必要给孩子进行性教育的原因之一。

我主张性教育最好的途径是家庭教育，最好的教育者是与孩子同性别的父或母。如何在家庭中开展性教育呢？我们只需要通过"身、心、育三分"的方式走出误区即可。

身：性教育是生理教育

你可能有这样的体会：几乎每个孩子在学校里的生理卫生课上，都会学习人体的生殖器官知识，但并不是每个孩子都能清楚地认识生殖器官的构造。这是由于众所周知的原因，当一个班级的孩子们坐在一起，面红耳赤、内心忐忑地听课时，当老师语焉不详地快速带过时，教学效果自然不理想。

你可以在家里给孩子补上这一课。在这之前你要明白，你并不需要像科学家一样把性知识说得多么科学严谨，你只需要把性器官看作和身体其他部位一样平等存在的身体器官，把孩子会出现的性特征变化和生殖系统的基本功能说清楚就可以了。

心：性教育是爱的教育

性器官和生殖系统是我们身体的一部分，性需要也同样是生命中重要的组成部分，是正常的生理需要。孩子对性的意识在青春早期就已经开始了，随着生殖系统的发育，性功能逐渐成熟。与此同时，孩子对性相关的探索也会开始，父母因担心孩子"变坏"等原因避而不谈性，显然是掩耳盗铃的行为。

性是一种需要，更是一种爱的表达。一对夫妻通过性行为怀孕并生育出的小生命被叫作"爱的结晶"。

父母和孩子谈论有关性的话题时，无须把自己练就成性心理专家，你只需要在家庭中营造出可以科学地、愉快地谈性的氛围，给孩子准备一个在遇到性相关问题时的解惑通道就可以了。这样的交流，传递出的是父母对孩子成长的爱护。

父母还要鼓励到了青春期的孩子观察自己身体的变化以及跟性相关的陌生体验，提示孩子正视自己身体的需要，并可在安全的情况下得到满足。这是孩子对自己的关爱。

跟青春期的孩子分享发生性行为的安全、爱与道德的原则，让孩子懂得性行为是对爱的表达，同时也应是一种负责任的行为。

育：性教育是价值观的教育

性既是隐私，也是正常的需要、爱的表达以及对自己和他人的尊重。父母愿意跟孩子分享自己的知识和体会，和他一起探索对这个领域的好奇。

在这样的认知前提和氛围下，跟性和身体相关的安全教育才可能展开。

父母要让孩子明白：表达爱、满足需要有一个更重要的前提，那就是爱自己的身体和尊重他人的生命；不在未成年时进行性行为，是基于对双方身心的爱护；安全的性行为是未来身心美好的保证；当遭遇性侵犯时要记得生命是第一位的，再用正确的方式尽可能地保护自己等。

当你敢于用平和客观的态度面对性这个话题，能用关爱的语气和孩子一起探讨他们的身体后，就传递出你对待性的态度和对孩子的爱。

另外，性教育并不是一定要等到青春期才进行，在遇到相关问题时就是教育的契机。因为当父母觉得孩子还小的时候，他们的身边已经不可避免地发生和性有关的事情。

有一次，我接到一位年轻妈妈的来电："我女儿今年5岁，上幼儿园中班。今天说不想去幼儿园了，我问了好久她都不说原因。后来她跟姥姥说怕自己眼睛瞎了。"

"为什么会有这样的担忧？"我也对这个答案感到很奇怪。

"我知道是我不对，但我没想到她有那么大的反应。"这位妈妈有些不好意思地说，"因为上周我女儿回来说，班里有几个小男生不知羞，总是掏小鸡鸡出来玩。我一听急了，问她看了没有，她说看了。我一时情急，也不知道该怎么说，就想起小时候我妈说的话，告诉女儿再看眼睛会瞎。说完我就发现她脸色都变了，结果今天就死活不想去上学了。"

我听了真是啼笑皆非，如果不是亲身经历，都不敢相信一位受过大学教育的二线城市的妈妈，还持有如此离奇的性教育观。

后来我建议她先了解一些最基本的性器官知识，借着这个机会跟孩子普及不同性别的性器官的差异；同时也开始安全教育，告诉女儿身体的隐私，不管男生女生、大人孩子，裤头背心遮住的部位都不能露出来，而且要保护好它们。最后请她去幼儿园和老师反映一下情况，请老师约束那几个孩子类似的行为。

这样的事情比较多，很多男孩在小时候，常会把生殖器作为开玩笑的对象，而且他们的羞耻感也不强。与之相反，女孩在性方面受到的压抑和羞耻教育更多。比如，你可能曾见到男性在路边随地小便，可这种现象基本上不会出现在女性身上。

受过科学的性教育的孩子会从道德上不齿这些不文明的行为，也不太会出现"我看了不该看的就不纯洁了"等自我贬低、自我谴责的负面认知。

因此，帮助孩子在身体发育时能够从容接纳自己身体的变化，树立积极正确的性意识和价值观；提高孩子的安全意识，降低孩子遭受性侵害风险等。对孩子进行正确科学的性教育，就是对孩子的爱和保护。

📖 保护身体

我们的身体是我们最重要最私密的财产，可是许多人却没有好好地对待自己的身体。

近些年有一个名词逐渐进入大众的视野，即非自杀性自伤 [non-suicidal self-injury (NSSI)]，是指在没有明确自杀意图的情况下，故意伤害自己的身体组织。

比如拿刀子或其他利器反复割伤手腕、手臂；拿烟头烫伤自己的大腿或其他一些隐蔽的身体部位；用冲撞、击打等方式把自己弄得头破血流甚至骨折变形等。

在网络上输入"非自杀性自伤"这个词，会搜索出很多照片，照片上一条条新旧交叠在一起的伤痕触目惊心。这种自伤行为大多数出自青少年。最初有心理学家认为这是一种威胁的手段。还有一种解释是，这些人出现负面情绪时加入自我惩罚伴随的疼痛，当急性剧烈疼痛消除时情绪也得到缓解。也有科学家给出的解释是，处理疼痛引起的消极情绪和处理普通情绪的脑区是相同的，所以大脑有时会把身体的疼痛感受和心理的痛苦混为一谈。

但我认为，没有任何一个人从一开始就想选择这种极具伤害性的方式来处理负面情绪，而是当他们最初选择的手段不起作用后，才会逐步升级为这种自我摧残的方式。

这种自伤行为最大的危害是，如果这依然不能消除他的负面情绪，就有可能会进一步演变成自杀行为，失去宝贵的生命。

为了避免孩子不拿自己的身体当回事，在家庭教育中，父母很有必要对孩子展开保护身体、珍爱生命的教育，并且越早越好！

"身体发肤，受之父母"这样的说辞已经很难说服当下的孩子了，你可以通过三个简单有效的方法传递给孩子对待生命的态度。

第一，明确责任。

管理学中有一个基础方法，就是"责任到人"，家庭教育的主体也是人，你可以将这个方法运用在对孩子的生命教育中。

尽早让孩子意识到他对自己的身体负有首要责任，让孩子明白危害身体的最大受害者是自己，拿身体作为威胁他人或者解决问题的手段是愚蠢的举动。这样一旦孩子开始出现自残的念头，家庭教育就会起到提醒和反驳的作用。

在家庭教育中要做到这一点，即父母少说"给我"二字。

比如，孩子爬高上低，父母看得心惊胆战，在下面大喊："快给我下来！"孩子放学后正在玩，父母说："先把作业给我写了。"

多用"你是怎么做到的？""你准备如何做？""接下来你有什么打算？"等提问题的句子，把责任还给孩子自己。孩子爬高上低，父母可以说："你是怎么爬这么高的，你准备怎么下来呢？"

孩子放学后先玩，父母可以说："你准备玩多久？打算什么时候写作业？"

要注意的是，即使这样的句式，也需要说话人做到言情一致。如果话中带气、绵中藏针，表面问询，实则指责，就起不到应有的作用了。

他人的帮助永远比不上自助，没有任何一个人的人生是需要在别人强迫、监督下进行的。只有孩子自己承担起保护身体的责任，他才能在需要的时候立刻帮助到自己。

第二，坚定原则。

你需要在家庭中用简单的语言，反复传递你们对待生命的态度。可以通过家庭规则、家庭文化的形式呈现，一旦确定就不要动摇。

在我女儿很小的时候，我就会反复跟她讲一句话，在这里我也把这句话分享给你："不要因为任何人、任何事做伤害自己的行为。"在日常生活中，并没有那么多"要命"的事，但即使在普普通通的每一天，这句话也使用甚广。

比如，她在暑假期间因打游戏而晚睡，导致睡眠不足，我们提到这句话时，她马上意识到问题并调整了作息；她跳绳的时候反复抽打到胳膊，出现了好多条红痕，第二天她就记得穿上短袖；面对一个社会不良现象，小小的她因无能为力而生闷气时，会尽快积极调整，不让负面情绪过度自我伤害。不要轻视这些小事，这些事就像进行日常演练，一旦"大戏"开场，孩子就有了应对的基础。

你也可以把自己对生命的态度总结成一两句孩子能听懂的语言，通过"尽早、重复"这两个要素帮孩子把原则牢记在心。

第三，寻找资源。

不是每个人都有能力化解一切难题。当他人的偏见、父母的怒骂、学业的压力让一些孩子感到窒息时，他们唯一能够掌控的就只有自己的身体。当他们感到无奈、无助、无力甚至绝望的时候，他们只能用生命发出最后的吼声。

为了避免悲剧发生，我们需要教会孩子，即使感到自己处于绝境时也不要放弃寻找资源，这里所说的"资源"可以是解决问题的方法，也可以是求救的对象。

我在接听知心姐姐热线、回复知心信箱中的信件时，都会先肯定和鼓励每一个孩子向知心姐姐寻求帮助这个行为，因为往往这一次求助会帮助绝境中的孩子重燃希望。

日常，你可以经常跟孩子分享"车到山前必有路""一个好汉三个帮""独木难成林""三人行，必有我师"之类的名言佳句，也可以把你工作、生活中柳暗花明的境遇，或者获得他人帮助的大小事情随时讲给孩子听。

当孩子遇到困难时，你可以和他一起寻找资源。比如孩子在学校遇到问题，可以问问他："自己还能做些什么？好朋友能不能帮你？可不可以向老师求助？"

久而久之，孩子知道人生充满无数可能，除了当下的这条路之外，还有很多选择，形成一种"天无绝人之路"的思维习惯。再遇到难题时，就不会总想着用自己小小的身体去对抗了。

疾病和心理

你可能有些疑问，疾病应该是医疗的事情，怎么也跟家庭教育有关呢？

其实，无论是身体还是心理都是人不可分割、相互影响的组成部分。很多心理疾病都会通过身体表现出来。

比如，抑郁症诊断标准中有持续不明原因的乏力、失眠、早醒或者睡眠过多、食欲下降等内容，焦虑症患者中有恐慌、出汗、头晕、发抖、头痛、上腹不适等症状。

所以，你要关注孩子出现的疾病和心理之间的关系，他们有可能是用身体表达了自己的心理状况。

身、心的关联性

身体表达的极端就是放弃生命，但这个表达往往不是一步到位，而是逐步升级的。

我曾接触过这样一个案例：

有一个男孩在高二的时候自杀了，他的父母痛不欲生，无法工作，甚至失去了活下去的勇气，因为他们内心充满了无尽的自责和后悔。

这个孩子刚考上省重点高中时就出现了一些苗头。刚开学两周的时候，他出现头晕、腹痛、心跳加快的症状。医生说这可能是因为压力大引起的，最好让孩子休息一段时间。他的父母并没有把儿子的状况放在心上，而是认为这只是正常的表现，哪个高中生压力不大。他们沉浸在孩子考上全省数一数二的学校、一定是天才的喜悦当中。为了不让天才埋没了才华，他们给孩子报了各种培训班，督促孩子参加各种竞赛。

到了高二，孩子的行为升级到了非自杀性自伤，当妈妈发现儿子手臂上被刀划过的伤口时，带孩子去做了心理咨询。他们觉得咨询师应该会有办法解决儿子的"毛病"，但他们并没有给孩子停下各种"安排"，认为孩子能"坚持"。

后来孩子不愿意咨询也不愿意上学了，父母非常焦虑，于是他们就给孩子挂了个专家号。心理医生诊断为严重的焦虑，需要服药加心理治疗干预，并且建议最好做家庭治疗。父母担心药吃多了影响大脑反应，对高考不利；做心理治疗时，他们想知道孩子多久能正常上学；孩子在家养病期间，他们担心孩子废了，让他坚持自学。

终于，在一次去不去学校参加考试的冲突后，孩子选择了结束生命。

在跳楼之前，孩子还给爸爸妈妈写了遗书。

你也许能看得出，这个孩子的身体不适和心理问题是相伴着出现的。开始是心理压力伴随着头晕，后来心理焦虑时对身体自残，最后心生绝望而放弃生命。

孩子的父母仿佛也在积极应对，找人咨询、求医问药，但他们只关注了孩子的身体症状，并没有正视孩子的心理需要，也没有反思自己的行为对孩子的影响，因此没做出对孩子的处境有助的行为。

这对父母无疑是可悲的，而这个孩子更是可怜的。当孩子用疾病表达时，用身体呐喊时，父母没有看懂，也没有听到。

因此，不要忽视孩子的身体疾病和心理健康。如果你的孩子反复描述身体不适却检查不出医学原因时，千万不要批评他是装的，一定要关注孩子是否感受到了压力和焦虑，考虑怎么做能够帮助到他缓解这些负面情绪。

身、心的相互性

身体组织是人的物质基础，心理感受是人的重要特征，身和心就像两个合作伙伴。当一方有难时，另一方是支援还是拖后腿；当一方面临紧急重要的任务时，另一方是拆台还是补台，这些都会决定一个人的生命状态。

身心是不可能分离的，同时也互为资源。

比如，人们心情不好时会选择出去散步、做瑜伽、做运动等，先动起来，心情也慢慢地跟着好转。当一个人的身体遭受病痛折磨时，精神也会疲惫不堪，这时让他看到希望，满足他的要求，让他产生乐观积极的情绪，病情也会更容易好转。

当孩子因遇到生活和学习上的困难而沮丧时，与其给他施压、鼓励，不如先带着他运动一下出出汗，听听音乐放松一下，更能让他快速地振作起来。

死亡教育

除了性教育之外，生命教育的另一个难点就是死亡教育。

死亡是一个相对避讳的话题。可是，人生在世，又有谁能够永远回避死亡呢？

孔子云："未知生，焉知死？"

正所谓"向死而生"，死亡是生命的终点，也正因为生命短暂，我们才要在有限的时间中活出生命的价值。

孩子的世界里仿佛都是生机与活力，但他们也会面临死亡，远的有来自媒体上的死亡报道，近的有亲人、朋友、邻居的离世。在家庭中进行死亡教育的意义重大，可以让孩子在意外来临时，能够理解、接受死亡，并通过死亡感悟生命的意义。

告别

死亡教育的第一步是面对死亡。

最根本的面对是告别，人们在形式上和心理上都需要郑重地对已逝之人进行告别。

在日本岩手县，靠着大海的悬崖边，有一座看上去奇怪的电话亭。电话亭没有连接电话线。但是，每年却有成千上万的人从各地赶来拨出电话，然后离开。

这是因为在2011年3月11日，岩手县遭遇了末日般的灾难——地震，随后海啸又侵袭了这座城市。无数人在这场灾难中失去了自己的亲人、挚爱、朋友……借由这座电话亭中没有电话线的电话，人们将那些没来得及的告别传递到风中，传递给自己的亲朋挚爱。

人类发明了各式各样的葬礼，其主要目的就是告别，另一个目的是祝福。

人类在文明发展过程中发现，葬礼这种方式有助于缓解生者的悲伤，能够使生者得到安慰。当生者祝福死者归途，无论是安息、长眠还是上天堂、转世，任何一种形式都会使刚刚遭受变故的生者获得一些稳定感，让他们的内心得到宽慰。在和死者告别的仪式中，生者同时也完成了部分心理的告别。

我做过一些未成年人监护人死亡的咨询个案，这些家庭最纠结的就是要不要把真相告诉年幼的孩子。大多数人认为孩子还小，故而选择不让他们知晓真相。事实上，真正亲近的人死亡是难以回避的，一味地隐瞒，弊大于利。

我们应当帮助孩子进行告别。这并不意味着我们把残酷的事实直接放到孩子的面前。不管对多大年龄的孩子来说，我们都可以建立一个孩子能够理解的逻辑，然后使用他熟悉的方式和语言，告诉他事实并帮助他进行告别。

　　一个5岁的小女孩失去了妈妈。全家人一起设置了一个"妈妈角"。关于妈妈的去处，大人们都统一口径，在小女孩面前说妈妈去了一个特别美丽的地方，并准备了妈妈宝盒。这样一来，在小女孩心里，妈妈这个温暖的形象深刻而永久地陪伴着她，留下的也不仅仅是伤痛了。

家族故事会

　　动画电影《寻梦环游记》里有一句台词：真正的死亡是世界上再没有人记得你。

　　我非常喜欢这句话，它把人与人相连，把死和生相牵。生命的物质形态上或许会消亡，但是精神形态却会永存。每一个人从家庭文化中传承的精神财富都将是亲人生命最重要的延续。

　　我们正经历着一个飞速发展的时代，祖父辈的、父辈的、我们的、孩子的经历都有很大不同，后辈通过家庭中经历的真实故事，可以对时代、对国家、对家庭、对亲人有更鲜活、深刻的理解。

　　我有一位朋友叫援朝，他的父母都参加过抗美援朝战争。有一天，他在整理父母当年的资料，儿子走了过来，看着那些满是岁月痕迹的勋章、证书、纪念品，好奇地问爸爸这些物品都是什么。于是，他和儿子一边整理着父母的遗物，一边跟儿子讲述了在中华人民共和国成立之初，百废待兴的情况下，中国依然作出了"抗美援朝，保家卫国"的决策。每一个物件背后，都有着他的父母在战争中的一段经历。儿子也明白了父亲的名字对爷爷奶奶来说是对他们热血青春的纪念，通过这段珍贵的家庭回忆，儿子不仅理解了爷爷奶奶的军人情怀，还增加了对那段历史的认识。我的这位朋友和儿子从那时就起形成了一种默契，过一段时间就聊聊家族中的人和事，父子关系也越来越好。

　　我一直都很喜欢跟老人聊天，听他们讲自己的故事。因为老人离去，你再从第三者口中得到当年的故事，其实已经是经过转述人视角再加工的内容了。

所以，珍惜当前健康在世的每一个家人，找个机会，全家人一起开一个"家族故事会"。让孩子听听家族中至亲之人的故事，帮助他们建立对生命更立体的认识。

在讲家族里的先人、长辈的那些故事时，我们同样在向孩子传递着关于生命的价值观。

帮孩子正视物质生命的离开是必然的，每一个人都会离去，因此与亲人相处的时光弥足珍贵。在家庭中，这种讲故事的交流可以让家族里有价值的人生经验、文化、价值观生动地流传下去，这是生命被后辈用另一种形式铭记。

跟自己告别，认识生命的意义

我们在家庭教育中进行死亡教育的目的，一方面是让孩子更好地面对亲人的死亡，另一方面是让孩子认识生命的意义，爱惜自己，珍惜生命。

国外有机构做过一个心理辅导活动，以帮助那些有轻生意图的年轻人。他们公开招募了一些想要结束生命、拥抱死亡的年轻人，跟他们玩了一个跟自己告别的游戏。

工作人员给参与者每人发了一张纸条，让他们写下自己即使死去也想要留在身边的东西，以及此生最想完成的三个心愿。写完以后，参与者要把这些纸条慢慢揉碎，再扔掉。

令人惊喜的是，很多人在扔掉纸条后，反而重燃了对生命的渴望，因为他们想去实现那些心愿。

我也曾经在2008年去四川抗震救灾时，跟老师们做过类似的游戏，我请他们先写下五位对他们来说最重要的人的名字，然后请他们逐次放弃一个人并画掉他的名字。第一次，很多人稍加思索就完成了。越到后来越慢，有人问能不能不选，有人开始哭泣，有人觉得这个过程太痛苦。但当最后他们把自己也画掉时，反而坦然了。这个游戏让每个人都发现原来所有的人都终将离去，包括自己。而自己还有很多想做的、值得做的事情。如何让自己离开时不后悔、少遗憾，才是他们下一个阶段要做的。

那次活动后学校跟我反馈，当时游戏的参与者们更快地从地震带来的伤痛中走出来，率先回到工作岗位，他们还用这个小游戏帮助班里的孩子们重新认识和思考生命。

你不妨找个时间，带着孩子一起做一次这类的游戏，依然要注意使用"三分生态系统"思维模型，充分考虑孩子的身心发展特点，设计适合孩子的游戏过程。

欣大侠的小故事

我家的小猫"天一"前段时间生小猫猫了。

三只小猫猫花色各不相同。欣欣根据它们的样子，从大到小分别给三只小猫猫取名为"阿浣""阿虎"和"阿狸"。

欣欣对三只小猫猫喜欢得不得了，每天放学回家都得抱着它们好一顿亲近。

在它们出生后十天左右的一天晚上，老二阿虎突然不吃不喝，一直无精打采地趴着。欣欣尽心尽力地照顾了大半夜，阿虎还是在凌晨去喵星球了。欣欣抱着阿虎哭得不能自已。

她很难过，也有些自责。

因为在第一周的时候，老二阿虎是最精神、最能吃的那一只，所以欣欣不自觉地会多照顾一下另外两只小猫崽。没想到出事的反而是当初最有活力的老二，这是谁都没有想到的。

尽管我们第一时间把阿虎带到了宠物医院，也依然没有挽回它的生命。

回家后，我抱着哭个不停的欣欣，也泪眼婆娑。我先肯定了欣欣对小猫的爱和对它们用心的照顾，又强调了医生的判断，欣欣情绪渐渐平静下来。

那天，我们给阿虎举办了一场小小的追思会，一起看了阿虎的视频，一起回忆和它在一起的点点滴滴。欣欣还认真地为阿虎写了一封"讣闻"，里面写了他们相处的快乐和对阿虎的祝福。最后，她把这些珍重地收藏在了自己装"宝贝"的盒子里。

从那之后，欣欣再照顾剩下的两只小猫猫就格外慎重。幸好，阿浣和阿狸都顺利长大了。

在两只小猫猫一个多月时，它们的妈妈天一逐渐不再想喂奶，并表现出对幼崽的不耐烦。

在了解过相关知识后，我们意识到天一在雌性激素刺激下产生的母性已经开始消退。

考虑到我家的情况并不适合饲养三只猫，所以我们需要为两只小猫猫选择领养的人家。

全家商定好之后，我们和那两只小猫猫的分别时刻进入了倒计时。

在这期间，欣欣很是不舍，但她对选择领养人的事情却很上心。

"我要为它们选一个有爱心的好人家，"欣欣抱着两只小猫猫对我说，"这也是我能为它们做的最后一件事了。"

☆ 我想与您分享

身：猫妈妈从怀孕到生产、从喂养宝宝到宝宝长大了要离开，让欣欣看到了猫这种哺乳动物的新生命孕育和成长过程。中间出现了老二阿虎的死亡，这是我们完全没有想到的。

心：我给天一接生也实属人生首次，虽然很紧张，但也惊讶于动物们生存能力的强大。小猫猫实在太可爱了，我和欣欣每天因为这些小团子的到来而欢喜着，所以阿虎的死亡对我们来说都是很大的打击，所有经历过创伤后的心理体验和行为都出现了。

比如，再三确认阿虎是不是真的死去了，幻想着它突然苏醒过来，还像以前一样抢着吃奶；懊悔没有更好地看顾它；反复回忆它消沉之前的细节，试图找出原因；最后告诉自己不得不面对这一事实。

育：还好，这个艰难的过程我们和欣欣一起走过了。

我们彼此安慰，还做了一个小小的正式的告别仪式，送阿虎最后一程，欣欣在给阿虎的悼词中表达了我们对它的爱，并为它送去了祝福。我们在共同完成这个伤心的仪式时，给予彼此的支持，使悲伤因为有人分享和理解而没有带来其他负面情绪。

我想，这次经历的最大意义就是让欣欣理解了生命的脆弱，从而更加珍惜地对待每一个生命，包括她自己。

第二章

提升适应性——每个成长阶段的必修课

✍️ 曼云会客厅 <<

　　我和我先生这些年来一直在外打拼，没什么时间带孩子，所以就把儿子吕良留在老家，让爷爷奶奶照看。去年，我们夫妻俩终于在大城市站稳脚跟了，考虑着孩子也要上初中了，老家的教育资源跟不上，就把吕良接到了身边来。

　　我们为孩子精挑细选了一所好学校。好不容易才把孩子送进去，可没想到这学没上到两个月，儿子就回来和我们说他想回老家。

　　这可把我们给急坏了，我先生还骂了儿子一顿。

　　我后来问儿子为什么想回老家，他说城里的学校也就这么回事，同学不讲义气，老师也不好好教。

　　我很吃惊，仔细问他发生了什么。他说班上的同学看不起他，学他说话，同学们热火朝天地聊游戏，由于跟他在老家玩的不一样，他也插不上话，以致开学这么久他一个朋友都没有。而且，新学校的教学模式和方法与老家的学校不一样，还不适应，加上现在早早就放学了，自己回家又不知道学点啥，结果这几次考试的成绩都很差。吕良之前在老家是优等生呢，来到这儿变成了"落后分子"，他一时也不能接受。

　　我埋怨儿子为什么不早点跟我们说。儿子却说每天看我们忙忙碌碌的，知道我们不容易，也不想给我们添麻烦，再说他小学时都是自己解决问题，已经习惯了。我听了有点心酸，也有点后悔把孩子留在老家长大。但事已至此，我们商量着要不给孩子请家教，看看能不能帮忙提升一下成绩。我不知道这么做对不对，但除了这个我也想不到其他办法了。

——来自吕良妈妈的分享

点对点，真知道

◎ **身**：在吕良妈妈的这段描述中，我们可以看到孩子经历了几个重大的改变。从老家到大城市是生存环境的改变；从爷爷奶奶身边来到爸爸妈妈身边是生活环境的改变；从小学到初中是学段的改变；从老家的教育体系到大城市好学校是学习环境的改变。还有口音、学习内容、游戏等诸多方面的差异，都让孩子感受到比较大的变化。

◎ **心**：人们在面对变化时，常常会有些压力。当需要同时应对众多的变化时，压力会倍增。同学们的不理解和排斥让吕良感到孤独；成绩的落差让他感到沮丧；跟爸爸妈妈虽然在一起生活了，但并没有形成互相交流的习惯，反而担心自己给父母添麻烦。

◎ **育**：这每一个变化对于一个十二三岁的孩子来说，都需要他调动足够的力量去应对，更何况几个变化一同到来。吕良家没有形成亲子之间沟通的习惯，因此在这个过程中实际上是吕良一个人在面对，父母没有给予他实际的支持。而吕良妈妈采取的第一行动好像是在帮助儿子，实际上却暴露了她更关注学习成绩的事实。

我建议吕良妈妈不着急给孩子找家教，而是关注他当前在学校的境况，先帮助吕良适应新的学校生活。正好，同小区有一个叫陈洋的孩子是吕良同班同学，吕良妈妈约了陈洋一家周末一起郊游，陈洋说同学们并没有看不起他，而是觉得他说话口音好玩。有一次，他们踢足球想叫吕良来着，但看他一副拒人千里的样子就放弃了。了解了这些，吕良和妈妈都松了口气。吕良跟陈洋一起上下学，成了朋友，而且他在学校慢慢放松下来，又交到了几个朋友。后来，吕良适应了新的学习节奏，学会了自我安排学习内容，成绩也很快提升了上去。

是什么

📖 适应性

适应性是一个生态学术语，指生物体与环境表现出相适合的现象，它是被生物的遗传性所赋予的生存潜力，并决定了这个物种在自然选择压力下的性能。在人类日常生活中，可以将适应性理解成容易被忽略的人在地球上最基本的生存能力，比如人对阳光、空气、水、温度、湿度等自然环境的适应。

适应性还有一种表现形式是应激性，指生物感受到外界各种刺激，并做出有利于保持其体内稳态、维持生命活动的应答。它是在较短时间内完成的细胞对刺激的动态反应，最后的结果是适应环境。将应激性放在孩子的成长中，可以理解为面对一段成长的升级、一次认知的迭代、一个环境的变化，孩子都需要尽快对刺激做出反应。

📖 适应性问题

人是环境生物，能否与周遭环境和谐共处，是影响个体生活质量的重要因素之一。当个体适应了一个环境或者一种状态后，就会进入舒适区。当周遭发生变化时，需要走出舒适区，就需要面对适应性问题。这也是孩子成长中的主要挑战之一。

我做教育心理咨询这二十年来，每个新学期刚开始的一两个月，咨询量都会激增。这期间来咨询的，大多是因为孩子面对新学期、新学校出现了"水土不服"。

无论是在幼儿园阶段，还是在大学或读研期间，孩子都有可能出现"水土不服"且表现形式多种多样。有对新同学或老师不满以及对新环境感到失望的；有习惯了假期的放松而对开学后的节奏不适应的；有到了新的学校，对人文环境和学习内容无所适从的；有在升入新年级后担心跟不上学习进度而感到焦虑的；还有学了一段时间感觉专业不适合自己，对未来感到迷茫的；甚至有大学生因为宿舍里的水是凉的、洗澡是公共浴室等条件问题而产生厌学情绪的……

个体和自己的博弈

青少年的身体在快速地成长变化，但并不是每个阶段的成长变化都令人愉快，哪怕这种变化符合自然发育规律，也依旧会有一部分人对自己的身体产生抗拒甚至厌恶的情绪。

这一点对青春期的孩子来说尤为明显。

我曾听过不少女生表示她们面对初潮会感到麻烦、害怕、羞耻，也有许多男生曾表达过对自己变声期的嗓音感到厌恶。

此外，激素水平变化导致生殖系统的快速发育引起身体不适，第二性征发育时避免不了和同龄人比较，不论是过速还是过缓都可能给孩子带来困扰。比如我小时候发育得早，小学五年级就长到了164厘米，排队、排座位总是在最后一排，那时候就想着千万别长了。

有一位在儿童医院保健科工作的朋友说，青少年现在就医的原因有长得太快的，有担心长不高的，有想减肥的，有太瘦怕营养不良的……总之，即便是成长中最基本的身高体重的变化，都有可能会因为和预期有差异而引发焦虑。

和他人的冲突

同伴关系对孩子的成长来说是必不可少的一块拼图。有许多孩子，当他们进入一个新环境后，能否快速适应并融入将决定他们对新团体的依从性。

就像本章"曼云会客厅"里的吕良，在新的环境中感觉同学看不起他，使他的自尊心备受打击。而这首先是从他感受到的不被同伴接纳开始的。

还有的孩子非常努力，考入了一个好学校，对新学校的同学充满期待。结果发现并非自己想象的那样，想分享自己感兴趣的事情却找不到有共同语言的人，大家喜欢的事情他又不愿意盲从。除此之外，在孩子从小学升入中学、放假结束返回学校等关键时期，也可能会因为和父母或者其他人关系的变化而引发不适应，继而产生和新团体格格不入的沮丧感。

对环境的不适应

环境适应涵盖的范围很广，对于孩子来说，可以是进入了一个新的学校、搬家去了一个新城市，或者留学去了一个新国家等；也可以是不习惯的饮食、听不懂的方言、新环境的卫生状况和硬件设施、陌生的校风校规、父母离异或再婚导致家庭环境的变化等。

就像吕良从老家小县城到大城市这种生存环境的转变，都是孩子需要去适应的外部刺激，都可能引发适应性问题。

如果适应不良，孩子会对新的环境做出偏负面的评价，并会夸大新环境的弊端来作为他退缩的缘由。因此，有些厌学辍学的孩子，可能并非由于学习上存在困难，而是适应性问题引发的后果。

为什么

适应环境是成长的必经之路

你可能会说，我也经常搬家换单位，没觉得有什么啊！为什么父母一定要关注孩子对环境的适应情况呢？这就是成人和孩子的区别。

早在八十多年前，瑞士心理学家让·皮亚杰就提出了两个跟适应性相关的名词：同化和顺应。刺激输入的过滤或改变叫作同化；内部图式的改变以适应现实叫作顺应。

在儿童时期，孩子将对物理环境和社会环境逐渐适应。这种适应是一种平衡，存在于同化和顺应这两种密不可分的机制之间，平衡的建立贯穿整个儿童和青少年时期，并且决定了孩子在这些生存时期独特的状态。

生物学的适应是指外部对机体的同化和机体对外部的顺应之间的平衡。当机体能够在同化外部刺激又保留原有结构的同时，让这种结构顺应于新环境的各种特殊情况，才算完成了适应。同样，当孩子的思维成功地把新的现实同化进自己原有的框架，同时这些框架又顺应

了现实呈现出的新环境时，思维就适应了这种现实。人们的智力同样是通过演绎结构对经验的同化和经验数据对这些结构的顺应来达到平衡的。

孩子对环境的适应就是他自己和客体的互动，在保留自身特殊性的同时与客体结合在一起。早从几个月大的婴儿时，同化和顺化就开始了。可以这么说，孩子成长的过程，就是在不断地适应中寻找平衡的过程。而且，原有的结构和新客体间的差异越明显，所需的适应程度就越高。这也就是人们常说的"挑战越大，收获越大"。比如，孩子从需要母亲喂养到自主进食，从家庭成员交往为主转向社会交往，等等。这些过程就是不断打破原有平衡，走出舒适区的必经之路。孩子在这一过程中，通过吸纳、接受和适应新的平衡关系，从而让自己成长。

因此，适应性对孩子来说是成长之路上必不可少的，也是决定孩子下一个阶段生存状态的关键因素。

📖 陌生感造成不适应

人们来到一个新的环境，为什么会出现不适的情况呢？

引起不适的原因很大程度上是对环境的陌生。

陌生意味着不熟悉、无防备，这种状态非常容易激发人们的紧张情绪。

当你去见一个陌生人的时候，你可能多少都会有点紧张，尤其是当这个陌

生人对你的潜在影响力很大时，比如说一个重要的客户、你未来的老板或者恋爱对象的家长，你的紧张程度甚至会加倍。

相比之下，你和你的老朋友周末聚会的时候却不会有任何紧张情绪。不管是见面前还是见面后，你可能始终都会处于一种很松弛的状态，你不太会在意每句话的措辞是否得当，也不会太关注自己的每个表情是否都恰到好处。

为什么会有这种反差呢？因为老朋友是你熟悉的人，你知道他们的性格特点，知道他们不会因为你今天没化妆或是说错一句话就讨厌你、拒绝你、伤害你。而面对陌生人，你的这种笃定感就消失了。

这种对外部系统的反应模式同样会出现在孩子的世界中。

孩子对新环境感到不适，很大程度上是因为他们对新环境感到陌生，以及孩子不论是信息储备还是技能储备都严重不足，以致当他们走出舒适圈、去面对接踵而至的问题时，往往会焦头烂额、束手无策，紧张焦虑的情绪自然随之而来了。

比如：一个刚上幼儿园的男孩一直都不敢在幼儿园大便，即使难受得不得了，也一直憋着。直到有一次他实在憋不住，拉在裤子里了，老师才知道这个男孩因为不会自己擦屁屁而选择憋着。

再比如：很多孩子上大学后第一次体验集体住宿生活，面对来自天南地北的同学，大家在生活习惯、家庭背景、性格脾气、价值观等方面都会有差异。如果运气好，碰到了合得来的室友，那么大学住宿生活就会成为孩子人生中的一段美好经历；反之，如果遇到了合不来的室友，孩子自己又缺乏人际协调能力，那么住宿生活就会成为一段噩梦。

除此之外，当一个人的身高、体重增减或发育、生病、衰老等内部系统发生变化时，他也需要时间去适应这些变化带来的陌生感。

束缚感引发不适应

当然，陌生带来的不全然是不适应，比如一件陌生但却有趣的事情，对某些人来说在紧张之余可能还会有兴奋和期待。然而，如果这件陌生的事情对你来说还有各种制约时，你也不容易适应。这就是除陌生之外，另外一个会导致人们产生不适应的因素——因为环境制约引起的束缚感。

在某些环境中，规则渗透到方方面面，有些因过于苛刻而让必须遵守规则的人产生窒息感。

小哲家在高考大省，他成绩不错，高中考上了全省数一数二的中学。

高一下学期突发疫情，学校改成线上教学。到了高二，小哲恢复线下学习。

开学后，回到学校的喜悦还未消散，小哲就被学校的种种规则搞得不适应。比如，学校把从早晨起床到晚上熄灯之间的所有时间安排都精确到分钟；自习课上也不允许同学间交流；下课后不得追跑打闹；男生头发只能是板寸，女生头发长不过耳；服装从里到外只能穿校服……违反任一规则，轻则被扣纪律分、班级群内点名，重则勒令班级限时整改。

刚上高一时小哲也没觉得这些校规有什么，但下学期在家上了一学期网课，再加上高二密集的学习任务，刚开学两周他就因这种约束而感到烦躁不已。

小哲因为上了较长时间的网课，回到学校像被突然念上了"紧箍咒"，出现不适应。

当孩子因规则问题向父母抱怨时，经常得到诸如"无规矩不成方圆，你到哪个学校不得遵守规则啊"，或者"又不是针对你一个人，大家不都一样吗"的劝解。

父母之所以这样回应，有些是因为不以为然，只以成人的眼光来评判孩子遇到的困境，淡化了问题的难度；也有些虽然看到了孩子的真实处境，可不知道该如何帮孩子处理这类情绪问题，于是采取回避态度，用一句话来打发孩子；还有些是因为担心太"同情"孩子反而会强化困难，导致孩子厌学甚至辍学。

不过，这类带有敷衍和推拒的劝导常常是无效的。孩子心中的束缚感造成的压力还可能因为不被理解、得不到父母及时的支持而不断增加，当这种压力超过了他能承受的限度，孩子就很有可能出现厌学、辍学的现象。

能力不足引发不适应

我接触过不少因厌学、辍学而被父母带来咨询的孩子，这些孩子表面上看是对学习的拒绝，实际上是没有能力面对在学校中遇到的各种问题。他可能是跟不上学习的进度，可能是和同学格格不入而感到孤独，也可能是在学校中找不到自己的位置而没有归属感，甚至可能是在面对任务时没有胜任感或害怕失败等。

这些都是孩子各种能力不足而带来的结果。因为他们当前的学习能力、人际交往能力、表现能力、抗挫折能力等，不足以应对眼下的状况。

当个人能力和现实需要相差越来越大时，就可能变得不再对任何成功抱有期待，从而自我放弃。

因此，与其给孩子不去学校的行为统一贴上"厌学"的标签，不如看一看在这背后，是不是孩子遇到了他自己能力范围内难以应付的困难。

怎么办

我非常理解父母面对孩子尤其是青春期孩子因不适应环境而引发各种问题时的感受，就像让一个手无寸铁的人上战场，无疑是忐忑且焦虑的。当遇到孩子出现适应性问题时，你可以先把问题做一个简单分类，再有的放矢地帮助他提升适应能力。

用"去陌生感"来应对即将到来的新环境

如果你的孩子即将要面对一个新的变化,最好不要坐等变化的到来,可以提前帮助孩子去熟悉环境,以便减少因陌生感带来的适应性问题。

事实上,据我所知,许多父母也一直在为孩子提前做准备。但这些父母的提前准备是把重心都放在了学业进度的追赶超上,忽略了孩子的生活、情感以及人际交往等更加需要"预习"。

意识到这一点之后,你就要做出相应的改变了。就拿孩子马上要进入一所新的学校举例,你可以和他一起提前了解、咨询、体验等,包括但不限于学业安排,关注学校的其他方面会更加有助于提高孩子的适应能力。

了解: 可以通过网络上的评价、学校提供的介绍等了解这所学校的办学理念、主要学习方式和学习内容,以及学校历年都在哪方面取得了较突出的成绩,除学习外还侧重什么方向的培养等,和孩子一起通过这些信息了解新学校的特点,在此基础上评估学校和孩子的适配度。比如,有的学校实行军事化管理,那么对于那些看中独立意志和思想的孩子来说,将面临较大的挑战。相反,对一些习惯了按部就班、刷题备考的孩子来说,进入需要自主学习的创新类学校,适应期也将比较长。

咨询: 除了要了解学校的整体教学风格,你也可以尽可能地带着孩子和本校学生、老师做些交流,通过他人的分享了解未来学校的人文环境。

比如,我女儿欣欣小学毕业的这个暑假,她特意找到刚从这所初中学校毕业的墨墨姐姐,请她分享她的学习生活的经验。墨墨姐姐非常认真地做了准备,从三个角度分别谈了"我的感受、我的庆幸、我的遗憾",还回答了欣欣很多问题。这次沟通过后,欣欣对新环境的担忧明显少了许多。

这种邀请同龄人用亲身体会来传递经验的交流,对孩子来说,通常比看官方介绍更有说服力。

体验: 有些学校已经开始关注到孩子对环境适应的重要性,在新生入校前会安排进校体验活动，让新生熟悉校园的设置，而不是到开学那一天新生才第一次进入学校。而父母要做的是关注孩子体验后的感受，询问他遇到了什么困难、什么地方有疑惑、哪些方面感觉不错，可以通过体验时的状态以小见大，以便预见孩子入学后可能出现的适应性问题。

📖 用WWH应对新规则带来的束缚感

环境可以体验，那孩子如果对新环境中的规则感觉不满，而我们又不可能让学校规则都按照孩子的意愿修改，那该怎么办呢？我想，这是很多家长遇到的问题。

如果你拿到这套书，并且是从头读到这里的，相信你已经发现了每章都有一个统一的结构：是什么（What）、为什么（Why）、怎么办（How）。这是一种理解并解决问题的好方法，结构简洁、运用广泛。可以把三个英文单词各提取一个字母，简写为WYH，更方便记忆和使用。

当孩子表示受不了新规则的制约时，你可以跟他一起按照这个方法把他反感的规则都列出来，不仅有助于找到应对的办法，真正的烦恼可能也会浮出水面。

凌雪升入初中时，因为父母太忙，就进了一所寄宿制学校。这所学校硬件不错，历年的中考成绩也很出众，一家人都非常满意，凌雪更是对能和舍友睡前夜话的时光充满了期待。

新学期到了，凌雪像去旅行一样，兴高采烈地拉着行李箱上学去了。

没想到周末回到家，凌雪和周一上学时判若两人，跟霜打的茄子一样蔫头耷脑地瘫在沙发上，连声抱怨："这哪里是学校啊，这简直就是集中营啊！我不想去上学了。"

"我带了一箱子衣服，一件没用上，因为从里到外全部要求穿校服。这个周末还要求我们全部剪成短发，周一检查。早晨6点起床，20分钟内洗漱完毕去晨跑，未按时到达指定地点的，全班扣分。自习时不能下座位，哪怕上厕所也不行；不能交谈，即使问问题也不行。晚上9:40就熄灯，有动静不睡觉的，全宿舍扣分……"

听凌雪历数完学校的各种"罪状"，妈妈先对她表示理解，又给她做了爱吃的菜。看着凌雪的脸色渐渐阴转晴了，妈妈拿出纸笔，邀请女儿和自己一起试着用WYH来分析这些令她烦恼的规则。

第一个"是什么（What）"部分相对较快，写的过程中出现了一个小插曲，就是凌雪很容易附带上自己的评价，经过修改，她列出了令她最困扰的四条规则。

1. 自习课纪律要求和上课时一样；

2. 作息安排是早睡早起，每天保证8小时睡眠；

3. 每天早晨进行晨练，且有严格要求；

4. 服装和发型有统一要求。

在第二个"为什么（Why）"部分，凌雪是有些抗拒的："还能为什么，因为无视人权呗！"

妈妈想了想，建议简化内容，不用一条条对照，只从学校为什么制定这样的规则和凌雪为什么感到痛苦两个角度来讨论，可以先说一条原因。很快，母女俩得出了结果。

1. 从学校的角度来讲，作息规律能够保证学生在学习之余有充分的运动和休息；纪律和统一性便于学校同时针对几千名学生进行管理。

2. 从凌雪的角度来讲，她以前住家里，自由自在，突然变成一天24小时从生活到学习都被严格管理，十分不适应；另外小女孩爱美，现在要放弃美丽的长发和漂亮的衣服，真是忍痛割爱，万般不舍。

到最后"怎么办（How）"部分，妈妈其实也没想好怎么办，很意外的是凌雪说："妈妈，其实我写完What和Why后就已经没那么生气了。"当焦虑走开时，解决问题的思路也来了。

1. 早晨为避免迟到，头天晚上睡前把第二天要穿的衣服准备好，定一个比起床铃早五分钟的闹铃；把作业留到自习课时写，课间正好可以和同学们出去聊会儿天。这样再过一周，看看能否适应这种节奏。

2. 每周末回来以放松为主，穿上自己的漂亮衣服，全家一起出去吃一顿大餐。

写完以后，凌雪拿着这张"WYH"纸感慨道："妈妈，我在网络上看到过这样一句话，此刻觉得太有道理了——想改变自己的是神，想改变别人的是疯子。我为了不当疯子，还是先自我修炼比较好。"

当然，凌雪成不了神，也没成为疯子，而是通过把烦恼的事情用"WYH"方法分析后多了理解、少了抱怨，也愿意给自己机会去适应新的环境。不仅是孩子，人们在突然被较多规则约束时，都容易被负面情绪冲走理性思维，刻意回避去理解规则背后的合理性。"WYH"分析可以让人从情绪中回归理性，而且它只有三个要点，很便于孩子理解和使用。

你在跟孩子使用时，依然需要注意孩子的"身、心、育"特点，讨论"为什么"时，要基于孩子能理解的角度，一次可以先提出一到两个可能性。父母切忌总是"替对方说话"，把自己变成了孩子的敌对方，那样谈话将陷入僵局，很难再进行下去。

在探讨"怎么办"时，请记住完成比完美重要。不要制订过于宏大的难以实现的计划，那样极有可能非但解决不了问题，反而使原本的问题变得更加复杂。

这种对规则不满的情况在生活中很常见，不一定是针对学校，也许是针对你们家庭中的新规则，或者出门游玩娱乐的场所。和学过的任何一种方法一样，建议你经常利用一些小事情和孩子一起练习，才能逐渐对使用"WYH"解决各种问题做到"真知道"。

用提升能力弥补不足

法国著名微生物学家路易斯·巴斯德说过：在观察的领域中，机遇只偏爱那种有准备的头脑。

"机会只属于有准备的人"这句话深入人心。任何一个成功都不可能毫无准备就获得，孩子在成长过程中所需要的各项技能的获得亦是如此。

提升能力需要提前准备。提前准备不仅可以令孩子有足够的能力应对新环境的要求，还可能获得更多的机遇。

比如，你的孩子即将转入双语教学的国际学校，而他的英语水平只达得到国内学校的要求，那么转学前，就需要着重提高孩子的英语水平，直到能跟得上新学校的进度。

再比如，你的孩子即将住校，那么比起学习能力，你更需要提前对孩子的独立生活能力和人际交往能力做些训练。毕竟，这些将影响到孩子是否能有一段愉快轻松的住校体验。

提升能力还需要追踪结果。准备只是基于一种假设，而事实和假设之间通常会有出入。孩子进行事后总结就是在积累经验，而你关注进程和结果会让孩子有一种随时被支持的安全感，有助于实现能力的提升。

果果（7岁，女）这周参加了班干部竞选活动，并以最高票当选了班长。周末，一家三口去了一次游乐园，以庆贺果果竞选成功。

这次成功可是来之不易，两周前老师通知竞选时，果果很是纠结了一阵儿。她很想当班长为大家服务，但又担心落选被同学们嘲笑。

爸爸妈妈看出果果的犹豫，了解了她的担心，于是和果果一起想办法。他们鼓励果果积极准备竞选，因为如果成功了，她就争取到了为班级服务的机会，如果失败了，她也明白自己和同学们的差距。只要努力了，就不会因为无为而懊悔。

当果果同意了，爸爸妈妈也行动起来，妈妈帮忙修改竞选稿，爸爸当忠实的观众。一遍又一遍，果果越讲越熟练，最后达到完全脱稿且自信地演讲。

竞选那天，爸爸妈妈不停地看着班级群，当得知果果超出预期地完成竞选演讲并被选为班长时，他们真为女儿感到开心。

学校中有很多社会活动，孩子就是在这些活动中进行着社会化的训练。他们既会体验到胜出的喜悦，也可能体会落选的失落。如果结果是孩子付出努力和精心准备后得到的，那么胜利是自我努力的荣光，失败也会心服口服。

📖 特殊的适应问题——校园欺凌

校园欺凌是一种极端的适应性问题

面对一般的学校环境适应问题，相信父母大多能凭借经验帮助孩子度过适应期。而有一种适应性问题却格外棘手，这就是孩子在学校中被长期极不公正，甚至语言或行为暴力地对待，比如校园欺凌。

近些年来，校园欺凌正在逐渐引起全社会的关注。在我看来，校园欺凌事件中，无论是实施欺凌的孩子、被欺凌的孩子，还是用旁观或起哄助长了欺凌者气焰，任凭欺凌事件发生的孩子，没有一个是赢家。被欺凌的孩子失去了对世界的信任，欺凌者终将受到惩罚，而旁观、起哄者将会受到良心的谴责。

未雨绸缪，降低被欺凌的风险

校园欺凌的受害者经受被欺凌的过程通常是循序渐进的。

一开始可能只是眼神和表情上的不尊重，接着是语言上的嘲讽，之后是轻微的肢体冲撞，再然后可能上升为严重的暴力冲突。

再强大的父母也不可能时刻撑着一把大伞，替孩子遮挡住所有的烈日暴雨，但你可以帮助孩子提升能力，不让自己处于危险中。针对这方面的家庭教育一定不能等到被欺凌了再开始，而是把时间点往前移，在孩子即将踏入学校环境之前就可以开始了。

避免酿成习得性无助

你可能会疑惑，如果一开始只是轻微的冒犯，那么被欺负的孩子为什么不在源头上掐断欺凌的导火索呢？他怎么不反抗呢？

一些孩子放弃反抗不是因为懦弱，而是他们在长期被欺凌的过程中，把自己困住了。

这里我就要引入一个概念——习得性无助。

同样一件冒犯事情，如果孩子处理得当，事情得以解决，就成了一过性事件。反之，如果处理不当，孩子会在失败的体验中越来越无助，越来越失去改变的动力，最后可能慢慢就演变成了校园欺凌。

这种逐渐地消极化，最终直至放弃的状态就是习得性无助。

这个概念最早来源于美国心理学家、积极心理学创始人之一的马丁·塞利格曼。他做过一个系列实验。

实验A：把狗放在一个无法逃脱的空间里，先摇响铃铛，接着对狗进行轻微电击，被电击后的狗浑身发抖，尝试四处躲避，但地板全都被通了电，逃到哪里都能感受到电击，而周围的围栏它们又无法跨越。几次之后，这些狗一听到铃声，就做出了像被电击了一样的反应。

实验B：在地上放了一个高大的围栏，围栏中间隔着一道低矮的栅栏，是狗能看见并可以轻松跳过的高度。栅栏一侧的地板通了电，另一侧没有通电。实验人员将参加过实验A的狗放在通电的一侧，进行轻度电击，结果狗并没有跳过能轻松跨越的栅栏逃离，反而躺了下来。因为它们从实验A中学到：做什么也无法避免电击，于是这次，它们放弃了任何尝试。

实验C：让一些没有接受过实验A的狗直接参加实验B，当它们所在的一侧电板被通电以后，都迅速地跳过栅栏，成功躲避了电击。

塞利格曼把经历过实验A而在实验B当中放弃尝试的无助感，称为"习得性无助"。

现在，把聚光灯再转回到孩子身上。

孩子的习得性无助是怎么形成的？

我很遗憾地告诉你，在这个过程中，父母"居功至伟"。

我们一起试想一个场景：

当孩子在一个陌生环境中，遇到了一个力量和能力比自己强得多的人对他的不公正对待。他自己的能力不足以反抗，于是回到家中把自己的遭遇告诉了父母。

父母说："他怎么就欺负你而不去欺负别人啊？还不是因为你好欺负！下次他再欺负你，你就还回去！"

你觉得这个回答你能打几分？

如果让我来打分，我会说这个答案是不及格的。

父母的回答中有一个潜台词就是"你太没用了！你应该反抗可是却没有！"这种说法非但不能激发孩子的勇敢品质，反而还会进一步打击孩子，令他更沮丧、自责、愧疚以及恐惧。

沮丧，是因为孩子本来回家想求得父母的支持和安慰，却没有得到；

自责，是因为他认同了父母的话，认为就是因为自己好欺负，才成了被欺负的对象；

愧疚，是因为没能做到父母认为他应该做到的，没有成为他们心目中的那个勇敢的孩子；

恐惧，是因为那个力量悬殊的人是孩子凭当下具有的体力和能力都无法对抗的，更何况如果他要是真反抗，换来更可怕的对待，他又该怎么办？

经历过几次这样的对话后，孩子就会对被欺凌的问题越来越消极，最终产生"习得性无助"，招来更多的欺负行为，以至成了校园欺凌的对象。

遭遇校园欺凌切勿拖延

关于父母，我发现了一个很有趣的现象。

很多父母在面对孩子的问题时也会有"拖延症"。这类父母总是说"孩子现在有点问题不要紧，长大了就好了"。现实表明，这种期待只是父母的一厢情愿或者掩耳盗铃。而遭受校园欺凌的孩子就好比马戏团里小时候脚上就被绑上铁链的小象，即使长大了，力气大到已经可以轻易弄断铁链，也会因为小时候的经历而产生"铁链是挣脱不断"的认识。

校园欺凌带给孩子的伤害是深远且毁灭性的，不存在"长大了就好了"的侥幸。如果父母不能在初期就帮助孩子化解心结，那么孩子内心的荆棘会不断成长，直至伤口溃烂。

那么，当孩子被欺负了来找你时，需要注意什么呢？

当孩子对你说"我不行，我害怕，我肯定做不到"的时候，请尽量避免以下几种回应方式。

不要急着否定他说："你怎么这么胆小啊，你不试试怎么知道不行啊……"

也不要想着忽悠他说："这一点都不可怕，一点都不难，很轻松就能做到……"

更不要急着批评他说："你一个男子汉，这也不敢那也不敢，将来能干什么！"

否定、忽悠、批评都会对受伤的孩子进行二次打击，使他逐渐关闭与你沟通的大门。

📖 用"身、心、育"三分的方式回应校园欺凌

我经常跟"T.E.S.父母成长课"的学员们说，当你情急之下什么都想不起来时，就从三分生态系统的"身、心、育"着手。它可以帮你快速厘清现状，不忽略孩子的感受，并找到解决问题的办法。当孩子遭遇了校园欺凌，你依然

可以这样做。

身：拥抱安抚孩子，给孩子以温暖

如果你的孩子受了委屈，不要吝啬你的怀抱。第一时间拥抱、安抚孩子，给他温暖吧！要知道在三分生态系统中，身永远放在第一位。拥抱和安抚，是建立你与孩子之间情感联结的有效方式。

心：理解接纳孩子的情绪

人的情绪是一种感觉，往往很难表达，所以你和孩子需要共同进行一个内部探索。先帮孩子探索他有哪些情绪，并认可他的情绪，再把你的情绪跟孩子分享。

你可以想一想，如果你的孩子被欺侮了，你会是多么愤怒啊！简直恨不得替孩子把欺凌者给揍一顿！

这些感情的激流你都没必要隐藏，真实地展示给你的孩子看，让他真切地通过你的情绪明白你是和他站在一起的。你们在相互表达的同时也要相互理解，彼此都要看到对方以及自己的情绪。

育：用"三段式沟通法"沟通和寻找资源

行之有效的"三段式沟通法"。

有一个沟通的方法，非常适合在这里使用，这就是"三段式沟通法"。

当孩子被欺侮时，教会孩子使用下面这三个步骤，就可以达到意想不到的效果。

第一步，清晰地表达出事实。比如，"你今天已经第三次把我的书撞掉了还不道歉""你们两个人总说我的坏话，这是不对的"等。这一步要注意语言简洁、态度坚定。

第二步，表达自己的感受。如喜欢不喜欢，接受不接受，愤怒、难过、屈辱，任何真实的感受都可以表达出来。比如，"对此我感到很生气""你的行为让我很愤怒"等。这一步要注意"表达愤怒，而非愤怒地表达"。

第三步，直接提出解决方案。比如，告诉对方，"如果想跟我玩，以后请用其他方式，而不是在上课时揪我头发"；或者告诉对方，"如果想跟我较量，我们可以掰手腕，想跟我比能力，我们可以比下次考试的成绩。"

三段式沟通看起来简单，事实证明却很有效。你可以和孩子进行充分的练习。反复练习可以帮助孩子"真知道"，让孩子对可能发生的事情做好准备，降低突然发生的过激性事件带来的冲击。

多方面寻找资源。

最后一招，是要让孩子学会积极寻找资源。

一个人只要进到社会中，就不是孤立存在的。孩子一定要学会寻求别人的帮助。帮助的来源可被称为"资源"。

我们要教导孩子用广阔的视角看待"资源"这个概念。只要是能帮助到他的，都是可以合理利用的资源，比如同学、好朋友、老师、父母等。父母经常和孩子一起分析生活中各种现象的可能性，就可以帮助孩子打开思路。比如让孩子针对一个现象说出几种猜想，对一个问题想出多种解决策略等。此时父母就是一个良好的资源。

让孩子学会寻找资源，不仅可以帮助孩子在遇到危险时提升自救能力，还能使孩子的思维具备灵活性和创造性。

欣大侠的小故事

欣欣在小学低年级时加入了合唱团。

合唱团根据团员的年龄以及演唱水平分成了A团和B团。B团是基础团，团员年龄偏低，而A团是正式表演团，团员普遍是高年级的孩子。

欣欣上三年级时，因为演出需要，合唱团进行了临时升团选拔，她和其他两个孩子有幸被选中，从B团升到了A团。

一开始欣欣并不太适应。因为她合唱团的好朋友全都留在了B团，A团全是不认识的哥哥姐姐，每次排练都感到很孤单。而且，作为A团的新晋成员，欣欣每到排练的时候都很紧张，总担心自己唱功不够而拖别人的后腿。

有一次排练前，欣欣甚至打起了退堂鼓。我了解了她当前遇到的适应性问题，跟她做了一个小约定："你担心自己唱功不佳，一定是觉得老团员们唱得好吧。这样，今天排练你就认真观察一下，结束后跟妈妈分享三位你觉得特别棒的老团员，并告诉妈妈他们哪里表现得最棒。"

欣欣带着小任务走进了排练教室。

回来后她兴奋不已："A团里的牛人实在是太多了，萌萌姐姐高音唱得真好，高音区全靠她带；小禾太厉害了，还会唱法语歌呢；苗苗姐姐的钢琴弹得棒极了，中间休息时她弹了一首，大家都听呆了……"

我半开玩笑地问："哇，你这么欣赏他们，他们知道吗？"

欣欣有些犹豫："可能，不知道吧！"

"那太可惜了，如果他们知道还有你这么一个小迷妹，一定会很开心的！"

听我这么说，欣欣决定一试。

在之后的一次排练中，她不仅跟那几位哥哥姐姐成功地说了话，还意外收获了大家的认可。

打那之后，欣欣迅速地融入了A团，又回到了之前积极参加排练的状态。

☆ **我想与您分享**

　　跟不去上学比起来，不参加合唱团仿佛是个小事情。而这类小事情，正好是帮助孩子做适应性训练的好时机。

　　身：因为是非常规选拔，和欣欣一起升入A团的孩子只有两个，而且还不太熟悉。她的好朋友则留在了原来的B团，欣欣相当于进入了一个全新的团体。这个团体中原有团员的唱功比较好，比欣欣在B团时的小伙伴们水平高出了一大截。

　　心：欣欣的陌生感不仅来自团体环境的变化，还来自对身边伙伴的不熟悉。除了陌生感，欣欣还因为刚参加新团体的排练，对自己的唱功也不太自信。

　　育：很多时候，我会系统地看待变化。欣欣从B团脱颖而出，开心之余，我也想到了她需要一段时间适应新环境。所以，这件事情对她来说既是机遇也是挑战。因为我先有了这个心理准备，所以当欣欣出现想退缩的念头时，我便很快接纳了她的不安。

　　一个人喜欢一个环境，一定是这个环境中有能吸引他的人、事、物；反之，如果讨厌这个环境中的人，连带着这个环境也待不下去了。我引导她从积极的视角观察别人，使她很快找到同伴的优点，这些也是环境中的资源。

　　最后，我鼓励她勇敢表达，还收获了意外惊喜——"前辈"的认可。这小小的认可作用非常大，使她之前对唱功的不自信得到了疏解，并强化了她和团员们的主动沟通意识。很快，她就跟上了新团训练的节拍，还交到了新朋友，开启了在A团训练的幸福时光。

第三章

美育的力量——拓宽生命的幸福源

✒ 曼云会客厅 <<

我和我先生曾是"小镇做题家"，大学时，我们最羡慕城市的同学讲起艺术来头头是道。虽然我们俩不太懂，但有了女儿伶俐后，就想把她培养成一个有艺术修养的孩子。从她三四岁开始，不管是音乐会、画展，还是话剧、音乐剧，有机会我们就带她去看。女儿从四岁开始练钢琴，我们满心希望她能好好练琴，但实际情况却是不盯着她绝对不练，一盯着就鸡飞狗跳。现在伶俐都上小学二年级了，我发现她似乎怎么都不开窍。

就拿上周的音乐会来说吧。

那是一场欧洲顶尖交响乐队的演出，为了能有更好的观赏体验，我还特意定了池座的票，而且一家人都是正装出席。伶俐从七点半进场开始就一直坐不住，一会儿在座位上扭来扭去，一会儿又叫着要出去买吃的。她这么一弄，不光旁边的观众看我们的眼神带着鄙视和谴责，就连剧院的工作人员都特意跑过来提醒了我们两次，搞得我特别羞愧。

好不容易撑到了下半场，她安静一点了，没想到我转过头一看，她跟她爸爸一起睡着了！

你知道我当时有多生气吗？！挺贵的票，他们可倒好，跑到大剧院睡大觉来了！

打那之后，我就有点心灰意冷了。我都投入了这么多，女儿却一点艺术熏陶都没得到，难道她天生就没有这方面的慧根？我实在是想不明白。

——来自伶俐妈妈的分享

点对点，真知道

◎ **身**：爸爸妈妈小时候没有受过音乐的熏陶，就把这份希望加在女儿身上。从幼儿园开始，伶俐不仅被逼着学习钢琴，还被妈妈带着出入各种正式展演场合。小学二年级的小姑娘在交响乐音乐会上听不进去，反抗未果睡着了。

◎ **心**：伶俐妈妈因为自己早年在艺术熏陶方面的缺失而产生了补偿心理，这种补偿的对象并不是自己，而是孩子。但孩子并没有如愿按照妈妈的想法发展，妈妈很容易产生失望的情绪。

◎ **育**：培养孩子的艺术修养当然没有错，但父母依然不能忽视孩子的客观状态。要根据孩子的年龄和兴趣特点选择艺术形式和场所，比如幼儿园的小朋友对大自然中的动植物感兴趣，那么带他们去聆听大自然的声音也能听出美妙的乐章；小学低年级的孩子对童话更感兴趣，去儿童剧院看演出也是不错的选择；户外的雕塑公园、开放的艺术园区、动物园等，对于喜欢跑跑跳跳的小学生更有吸引力。显然，伶俐妈妈在美育方面犯了揠苗助长的错误。

培养孩子美育的基础环境是家庭，父母对美的情怀是不容忽视的力量。如果是父母都不擅长的领域，孩子跟着爸爸一起在交响乐中睡觉就不奇怪了。美的享受、艺术的熏陶并不是只能从公认的高雅艺术中获得，只要是父母能够享受其中的艺术形式，都可以带领孩子一同欣赏。

是什么

📖 美学

早在几千年前，人们就开始了对美的探索和追求。古希腊哲学家苏格拉底曾提出了"美与善相统一"的美学思想。

德国著名哲学家亚历山大·戈特利布·鲍姆嘉通在1750年出版了《美学》第一卷，这可以说是历史上第一部美学专著。在这本著作中，他正式用"美学"来称呼人的感性认识，成为美学学科的创始人。鲍姆嘉通认为："美学对象就是感性认识的完善。"而取得这种完善的感性认识的过程就是美育。

📖 美育是将美学渗透进生活的教育

通过美育，人们能够理解并欣赏艺术，能够将人类经验转化为艺术表达。

直白地理解美育，就是培养人感受、欣赏和创造美的能力，提升美学素养，这更像是跟美学相识、相知的过程。

有一次，一位重点中学的校长向我分享她曾听过的一位数学名师的讲课，那位数学老师挥洒的板书、画出的线段以及对数学定理的沉醉，无一不传递出美的教育——这是一位教师在教学时对数学定理的呈现之美，对教育的热爱之美，更是对科学的痴迷之美。

的确，美育还有一种解释：把美学渗透到各种学科教学中形成的教育。

如果说前者把教育当作结识美的途径，那后者就是在教学中通过对美的运用来影响学习者。而人生并不只有课堂和学习，还有大部分的重要时光是漫长的生活。俄国哲学家、美学家车尔尼雪夫斯基提出了"美是生活"的命题。因此，美育更是使人能够在生活中增加美学趣味和提升美学境界的教育。

美育是心灵的加油站

自文明诞生时起，我们对于生命的思考就从未停止过。早在几千年前，古希腊哲学家就曾经发出了灵魂三问："我是谁？我从哪里来？我要到哪里去？"

为什么无数人思考过人生意义的问题？人是地球上少有的具备思维能力的高级生物。每个人都在走着自己独特的路，看到风格迥异的风景，感受着不同的人生体验，真是一人一世界。

每个人都在努力完成学业任务、做一份有意义的工作、养家糊口、让自己成为被他人需要的人及合格的社会公民……做这些有价值的事情的确会让人有成就感，但也往往会给人带来压力和疲惫。

所以，人们的工作和生活需要张弛有度，松弛时给身心加满油，再充满力量地去应对那些必须完成的任务。我发现，有一种力量仿佛就是心灵的加油站，可以把你的世界带入一个幸福、美好的境地，这就是美育的力量。

作为父母，帮孩子打开美育的大门，就像为孩子的人生路打通了一条风景瑰丽的小径，可以使他们在不背负任务的情况下，滋养身心、提升幸福感。

用美育培育过的心灵去面对人生的际遇，解决人生的困惑与问题，让自己的人生更加美好——这样才能让灵魂三问的答案被赋予幸福的力量。

为什么

美育的主要目标是培养、发展美学素养。

我为什么要在成长篇谈及美育？

因为在个人发展层面，美育能培养人的创造力、想象力和表现力，以及自信、毅力和批判精神。

在更加广泛的教育、社会和政治层面，美育同样可以为人类进步带来积极的影响。譬如，良好的美育观可以使人在面对不同文化时保持更为开放包容的态度。同时，美育也可以增强人的社会凝聚力，更好地解决人与人之间的冲突和矛盾。

美育能帮孩子保持感性的心

对孩子的培养，理性与感性缺一不可。

只看中理性，而忽视感性，会让孩子成为思维机械的读书工具；只看中感性，忽视理性，则会让孩子沦为情感的傀儡。

只有兼具代表"理性"的专业知识技能，以及代表"感性"的情绪表达力和理解力，孩子才有可能成长为一个完整且和谐的人。

当下的教育体系把教育重点更多地放在了学习专业知识和发展技能上，系统化的评估标准也在无形中让我们忽略了孩子个性发展的其他维度。

"好学生""精英"越来越像是教育流水线上生产出来的优质产品。然而，一个内在完整并且和谐的人从来都不是靠某种制式手段"生产"出来的。

教育过程是一种艺术行为，而不是生产过程。相应地，每个人都应当是一件独特的艺术品，而不是一件可以大批量复制的产品。与他人雷同并不总是一件幸事，有时候雷同意味着可以随便替换。如果你想要自己的孩子在未来拥有他人无可替代的核心竞争力，那就要重视孩子个性化的培养。

感性是个性化的重要体现。

美育影响了孩子对美好事物的感受，可以使他在日趋"工业化""理性化"的时代潮流中保持一颗感性的心。

在欣赏美的过程中，孩子得以从中与他人共情。孩子每一次借由作品来揣度创作者想法的过程，都是培养理解力和同理心的宝贵机会，而这些不断累积

的感性能力将会成为孩子未来竞争力的重要核心。

美育有跨学科"转移"的力量

关于美育，有些人存在一些思想上的误区：认为美育就是专门为艺术生准备的，对大多数孩子来说，这只是可有可无的选修课。

这种观点未免狭隘，其实美育从来都不只局限于在艺术方面影响着孩子，还有着跨学科"转移"的广泛影响。

美育对其他方面的学习，如语文和数学，能产生积极的影响。近些年来，已经有不同领域的研究人员都证实过这一点。

比如，有研究表明，戏剧教学与提高阅读理解、词汇使用能力和写作质量呈正相关，青少年持续参与戏剧活动，可以帮助他们获得自我概念、更高水平的同理心，以及对他人的宽容。

此外，也有相关研究发现，青少年参与音乐和视觉艺术的学习会提高数学成绩，特别是增强了空间推理技能，已经被证明和音乐教学密切相关。

加拿大皇家音乐学院曾经开展过一项研究，结果表明学生"接受艺术学习"后能更投入地学习。有90％的受访父母报告说：艺术增强了他们孩子的学习动力，并且艺术学习对孩子的身体、情感和认知等方面都有好处。

优优的语文老师给班上同学布置了一篇作文，题目是"生命的力量"。

类似的题目优优之前也写过，她用过的题材有婴儿出生、灾区救援，还有非洲羚羊与猎豹。因为老师强调不能写之前写过的内容，所以优优看着这个作文题目一时有些头大。她想不出新的素材了。

好在这份作业并不急着要，优优还有一段时间去寻找灵感。

到了周末，碰巧姑姑来家里做客，并给了优优一张舞蹈表演的票。优优想着待在家里也憋不出灵感，还不如去看场表演散散心。

表演开始后，优优马上就沉浸其中。

她被舞蹈演员优秀的表演给打动了。

舞台的灯光下，女演员肢体的柔美和男演员动作的刚劲都深深地吸引了优优。演员们在舞台上奔跑、跳跃、旋转，力与美结合的画面令优优震撼。

他们急促的喘息和挥洒的汗水给这幅画面增添一种迷人的光晕。

优优坐在台下，感受到了演员们身上蓬勃的生命力。

恍惚间，她觉得自己的作文有方向了。

在这个故事里，来自舞蹈的震撼成为优优作文的灵感，而作文的描写将成为另一种对美的表达。美这个概念在不同的载体中被优优串联起来，文字最终成为她个人欣赏艺术、理解生命的载体。

怎么办

要想知道怎么办，我们首先要弄清楚美育的目标究竟是什么。

我们可以从以下三方面来理解：

第一，培养对美的感知；

第二，体验、创造、评价和表达美；

第三，享受美给人带来的幸福感。

每个孩子都应该有机会发展自己观察、体验、创造和享受美的能力。你可以在家庭教育中注意对孩子这些方面的培养，以实现美育的目标。

除了专业和技能，还要培养孩子对美的感知能力

当前社会中，艺术教育方面的培训丰富多彩，这说明很多父母已经注意到了培养孩子艺术修养的重要性。但遗憾的是，艺术培养也很容易变成鸡飞狗跳的亲子战场。这是因为很多父母给孩子报兴趣培训班时，往往目标性极强。比如学习乐器、练习舞蹈是为了考级和比赛，学画画、表演等是为了走艺术生路线。

这些目标性极强的初衷和艺术培养的过程很不协调，强迫式的机械训练很难让孩子体验艺术中的美，也很难培养出具有表现力和感召力的艺术家。所以，美育的目标不能只专注于技能的训练，还要培养孩子感知美的能力。

世界上的美无处不在。花草树木、山川河流、飞禽走兽、日出日落、银河星空、风霜雨雪、自然奇观……无一不美。父母要注意培养孩子带着发现的眼睛去欣赏自然界中的这些美。

自然界的美立体且多元，不是任何一类艺术形式能够替代的。我每每仔细

去看每一朵花，鲜艳的花瓣、娇嫩的花蕊、优美的花形，都会让我生出"一花一世界"的感慨来。看着它明明柔弱无依，却又能风雨中挺立，这份生命的韧劲能打动任何一个注意到它的人。

培养孩子感受美的能力，让他们尽情体会自然带来的情感共鸣，才是艺术精进的捷径。有了把艺术和自然美关联的能力，即便是重复性的技能训练，也能因为有美的感受而变得不那么枯燥。

因此，培养孩子注意美、感知美的能力，是美育的首要任务。

班上组织去郊外春游。昊昊（8岁，男）和格格（7岁，女）都是第一次去远郊。大巴车上，两个孩子的反应截然不同。

昊昊看了两眼车外的风景就不感兴趣地移开了目光，转身从背包里拿出了魔方，开始低头玩了起来。

另一边，格格一直在窗户边欣赏着路边掠过的风景，不时用相机拍摄。

坐在一边的昊昊很不解，问道："这有什么可拍的？"

格格回答说："平时我们都生活在高楼大厦中，你看外面有山有水有田野，看了都令人心情舒畅。妈妈说她小时候就最喜欢春游了，因为春天里万物复苏、花儿盛开，最是美丽，所以好多古诗都是描写春天的。她还拜托我帮她拍几张美景，要选一张做微信头像呢。我得多拍几张回去让妈妈选。"

昊昊看了一眼窗外，继续埋头玩魔方了。

面对窗外的风景，昊昊和格格感受不同的最大原因就是两个孩子对于美的感知不同。在昊昊眼里，窗外的景色没什么稀奇的。这些大自然的景物却给格格带来了愉悦的心情和美的感受。

你是否发现，格格有一个聪明的妈妈。妈妈简单的几句话里，表达了两重意思：一重是妈妈表达了对春天美景的赞美；另一重是拜托了格格一件很重要的事情——帮忙拍一张能做头像的照片。

妈妈对春日美景的喜爱感染了格格，使得她也专注欣赏风光；妈妈交给格格一件完全能胜任的小任务，让格格很乐意把目光投到户外，这点使命感促使她认真地完成任务。

母女间的这种小互动，实际上对培养格格对美的感知力，起到了很好的助力作用。

在体验中提升孩子的审美素养

审美是对美接收和欣赏的一种能力。柏拉图认为审美教育是综合教育中不可或缺的一部分。

我们在日常生活中，会对一个人的着装、一个家庭的装修、一种建筑的式样等做出审美品评。经典的造型设计往往能经受住岁月的洗礼和跨越地域的限制，成为人们共同欣赏的美。

比如几十年前奥黛丽·赫本的穿搭，现在依然没有在时尚界中缺席。建筑大师贝聿铭在卢浮宫扩建工程中，设计了玻璃金字塔造型，为这座古老的宫殿增加了现代而神秘的色彩，这座玻璃金字塔也成为卢浮宫现在的标志性建筑。在西班牙的巴塞罗那，有一个地标性建筑叫圣家族大教堂。它的出名不仅是因为设计师是那位西班牙著名的建筑师高迪，还因为它从1882年开始修建，至今尚未竣工。在这一百多年间，来到这个工地的世界各地游客却络绎不绝。我和家人在2008年去巴塞罗那旅行时，特意定了一家位于圣家族大教堂旁的酒店，就连那叮叮当当的施工声，都因是这座宏伟建筑的独特部分而变得悦耳起来。

生活中，人们能欣赏到美好事物的能力，是审美素养中的认知因素。

在欣赏的过程中，人们还附加了情感的部分，对美好事物产生亲近的意愿，这是审美素养中的情感因素。当色彩、声音、形状等富有艺术品质的事物呈现在面前，会引起你快乐、兴奋和乐观的感觉，或者伤感、沉静、悠远的共鸣。这就是从纯粹的美学体验到情感的和谐统一，也是发展审美素养的价值。

乔乔刚练小提琴的时候曾被老师批评他只是一个背谱工具，说自己不能从乔乔的演奏中感受到感情。

乔乔一开始很疑惑，也很委屈，他就问老师，为什么自己的演奏明明都很正确，老师还是不能认同。

老师对他说："学琴不只需要正确的演奏，更要演奏出能动人心弦的旋律。"

靠教科书能获得审美中的认知因素，而情感因素却需要在亲身体验中品味。走到自然中去，才能发现自然界丰富的美；聆听音乐，才能感受旋律的悠扬；观看艺术品，才能体会它表达出的意境。

有一年，我带孩子们开展了一场欧洲音乐之旅。我们在莫扎特故乡的广场上排练节目；在萨尔茨堡音乐节上，伴着古钢琴演奏唱响中国民歌；在金色大厅观看维也纳交响乐团的演出。有孩子说那些体验终生难忘；有孩子说从此爱上了古典音乐；有孩子说再听见我们唱过的民歌，就仿佛听见那不清脆却分外美妙的古钢琴声……

不仅是欣赏音乐，每当我看到孩子们安静地伫立在一座雕塑前、一幅画作前……分明能感到他们的情感在此刻和作品产生了美的链接。

正如柏拉图提出的审美教育主张："应使青年天天耳濡目染于优美的作品，处在有益健康的环境，从小培养对美的爱好，融美于心灵。"

📖 用艺术创作发展孩子的创造力

在我女儿的中学校园里，有一句话随处可见——未来已来，我很喜欢它。我们有幸处在一个前所未有的飞速发展的时代，无限的机遇等着人们去挖掘。是什么推动了这个时代的发展？是什么能打开未来的大门？创造力无疑是那张永不过期的门票。

人并非天生就拥有创造能力，但它可以被开发出来，艺术便是开启这项技能的钥匙。当孩子注意到美、感知并欣赏美后，他们会产生创作的冲动。创造性的生产过程比单纯的欣赏行为更能加深人和艺术之间的联系，更能培养审美能力。审美和创造可以达到相互促进的关系。

比如古人留下的很多脍炙人口的优美诗句，都是作者欣赏到美后创造出来的。

"软草平莎过雨新，轻沙走马路无尘。"

"孤帆远影碧空尽，唯见长江天际流。"

"穿花蛱蝶深深见，点水蜻蜓款款飞。"

……

人们每看到这些流传千古的佳句，便能感受到创作者用诗文传递出的美好意境。

让孩子初步建立对美的判断和评价

审美是唯心的，它取决于每一个人的感受。但同时，美学作为一个领域，它有自己的基本特性，有最基本的区分美与非美、判断有无审美价值或艺术价值等的专属语言。

审美唯心的特点决定了人们的审美多元性。

大千世界，纷繁复杂，每个国家、民族、地域都有自己独特的文化，在每一个文化中都有对美的理解。仅在中国古代，各个时期对女性美的审美观念都是不断变化的：春秋战国时期，盛行精致细腻之美；到了两汉时期，崇尚秀外慧中的内在美，弱化了外在服饰发型的华美；还有魏晋南北朝时期的婀娜玲珑之美；唐代的华丽唯美、丰腴雍容之美；再到清代的含蓄内敛、庄重之美。

即使在信息得到了充分交换的今天，有人认为肤白体瘦是美，也有人认为小麦色的皮肤、紧实的肌肉是美。

再看家庭装修，有些老年人喜欢把房间里布置得满满当当，摆上宽大的红木家具，觉得这样才富贵气派。

而现在的年轻人则是喜欢简约、原木、金属等现代化风格。

其实两种风格并没有好坏之分。老一辈人生长在资源匮乏的年代，那时物质和色彩都很稀缺，所以自然会认为"大、满、艳"是美的代表。而年轻人生活在产能过剩、信息爆炸的年代，简约大气的风格反而能够帮助他们获得心灵的平静。

当我们了解两辈人不同审美观念的底层逻辑后，我们就能更加客观且宽容地评判两种风格。

如果说，美是给人带来愉悦体验的事物，那不论是老年人还是年轻人，都能从各自的住家风格中得到快乐的体验，这种风格就是美的。

可见，审美是深受你所处的时代背景、文化体系等众多因素影响的。在孩子建立对美的评价时，应引导他们多看多思多体验，增加阅历，开阔眼界，尊重他们自己对美的评判，而不是把我们持有的特定标准强加给孩子。

因为美学有自己领域里独特的标准和语言，这也就决定了在个性之外当然也有审美优劣。粗鄙的仪态并不能被称为个性，丑陋也不能用审美来美化。《福布斯》杂志为全球最丑陋建筑做了排名，那些上榜的建筑并不分来自什么国家和文化，无论在哪里，都被公认为是丑陋的。

所以审美也分高雅和低俗。

在同一个社会环境中，人们的审美风格就像是一条线段。以0为中点，两端分别是-10和10，你可以把-10看作低俗，把10看作高雅。大部分人的审美是在-8至8之间，过于阳春白雪的高雅是普通人难以企及的，过分粗俗不堪也无法被大多数人认同。

你在培养孩子对美的判断时，要秉持包容开放的态度，对于极端状态则可以直接分享观点。

有一天，妈妈忽然听到10岁的女儿晶晶在哼歌，歌曲正是最近短视频平台大热的口水歌。

这首歌虽然很火，但是在妈妈看来，歌词低俗，实在称不上是音乐。妈妈听着女儿满嘴的"心肝啊""死鬼啊"，觉得有必要就这个问题和晶晶谈一谈了。

"晶晶，你最近唱的这首歌是怎么学的啊？"

晶晶想了想，回答说："短视频常出现，我就记住了。班上的同学也都在唱。"

妈妈接着问："那你觉得这首歌好听吗？"

晶晶愣了一下，犹豫道："还可以吧？"

"你也不太清楚啊，那你为什么还一直唱这首歌呢？"

晶晶更不确定了，"因为大家都在唱？不知道怎么的，这首歌就到嘴边了。唉，我也说不太清楚……"

晶晶突然问道："妈妈，你是不是不喜欢这首歌？"

妈妈没有否认："这首歌旋律的确简单好记，但歌词我实在不敢恭维，听起来很粗俗。正好周末没事，我们一起找一些音乐来听听，你也了解一下其他类型的音乐。"

"我唱的这首歌不好吗？"

"我是这么认为的，"妈妈笑了笑，"不过这只是我个人的看法，你也可以有自己的判断。"

妈妈找到一个朋友推荐的音乐网站，和女儿一起搜索并欣赏了一些西方古典乐、爵士乐、摇滚乐、中国传统乐器演奏、中国戏剧和西方歌剧等经典作品，和女儿度过了一个愉快的音乐日。

晶晶心满意足地总结道："交响乐很震撼，唢呐听着气势十足……不过我最喜欢的还是流行乐。妈妈，您选的这几首都好听，再给我推荐一些吧！"

"好，没问题！"

用"身、心、育"三分的视角，可以这样来理解这次小分歧。

身：晶晶传唱内容低俗的网络"神曲"有两个原因：一是这种口水歌的曲

调简单，方便记忆；二是晶晶身边的小朋友也都在唱，从众心理是唱口水歌的理由之一。

心：妈妈了解到女儿并不是因为多么喜欢才唱。她直言不讳地表达了看待口水歌的态度，也表明了不干涉晶晶的判断。晶晶也欣然接受了妈妈的提议。

育：妈妈并不是学音乐的，但她借助一个专业平台，扩展孩子的音乐认知范围。妈妈让孩子有更多机会体验到不同音乐的美，最后依然尊重晶晶的选择。

晶晶家关于唱歌的小分歧相信在很多家庭中都发生过。

当然，如果晶晶的父母本身并不觉得口水歌低俗，或者也很喜欢这类音乐，那么孩子大概也不会有调整的动力。所以，想要孩子具有什么样的审美层次，父母的品位是重要前提。

📖 让美育成为孩子心灵的庇护所

艺术是人类文明中的瑰宝，是先人给后辈留下的文化和精神遗泽。通过进行美学教育，我们教会孩子在自己的内心用"美"这个概念为自己搭建一处心灵的庇护所。在这里，他们可以脱离世俗的纷争，获得高于物质享受的喜悦共鸣。

何为高于物质享受的喜悦共鸣？

那可能是一部好电影给你的深刻感悟，也可能是一场舞蹈带给你的视觉震撼，还有可能是生活中随处可见的美丽风景。不要小觑美育的力量，审美时丰富的情感状态使人变得清醒、富有，让人能在庸俗和欲望中保持宁静、滋养心灵，拥有精神家园。

买一个奢侈品或是吃一顿大餐固然使人快乐，可是这份快乐能够持续多久呢？而审美带来的精神上的满足感，能够让人多年后回味时依旧感到灵魂被温水浸润的愉悦。更重要的是，这份来自美的幸福感能够成为支撑人们渡过逆境的力量。

　　就如苏东坡被贬谪至岭南两广一带时，并没有一味哀怨嗟叹，而是欣喜地发掘岭南风物的美好之处，写就了对枇杷、杨梅、荔枝等水果的喜爱之词，更留下了"日啖荔枝三百颗，不辞长作岭南人"的名句。

　　苏东坡的一生大部分是在颠沛流离中度过的，仕途之路上更是遭遇一贬再贬。可是他的豁达让他总能从生活中发现美好之处，从而在困境中逆流而上，他那句"问汝平生功业，黄州惠州儋州"正是把苦难当成了功业。

　　世界上没有永远的顺遂，却永远不缺乏美。你若在坎坷的生活中，仍能捕捉一花一草一石一木之美，它就会成为丰富你生命的色彩，成为令你人生更幸福的源泉。

欣大侠的小故事

我小时候，父亲注重培养我的琴棋书画技能，家里乐器、棋类、艺术类书籍陪伴着我从童年到中年。虽都不精，但养成了我欣赏并享受美的好习惯。

记得欣欣几个月时，我一唱美声她就好奇而专注地盯着我。一段时间里，这成了我们俩的互动游戏。

从欣欣三四岁开始，我带着她去世界各地的博物馆，她总会买一两本具有代表性的画册。她7岁那年，参加了我带队的"西欧夏令营"活动，其中最重要的主题是文艺复兴。还记得小小的她在偌大的卢浮宫博物馆走了三个小时也不叫累，收队时她依依不舍地说："妈妈，下次来我们多看几天吧！"

后来我发现，她逛博物馆时，并不只对那些大名鼎鼎的镇馆之宝感兴趣，而是把看到的展品都仔细研究一番。渐渐地，我发现她开始有自己的喜好和判断了。

有一次，我偶然翻出一本《西方艺术史》，还是上中学时父亲买给我的。于是我们在晚间茶话会的时候讨论到了西方美术史。

欣欣说："我最喜欢文艺复兴三杰的作品。他们每个人都在一个方向做到了极致，所以能得到美术史上如此高的地位。"

我觉得她说得很有道理。

"除了他们，你还有其他喜欢的风格吗？"

欣欣想了想，说："还有一个夹在文艺复兴和巴洛克风格之间的小流派，叫矫饰主义，我也挺喜欢的。"

"哦，你喜欢那种比较夸张的风格？"

欣欣点头："虽然这个流派作品的风格都特别复杂和浮夸，人物身体往往还有些扭曲，但比起后面的印象派和抽象派，我更喜欢这种风格。"

"为什么呢？"我有些奇怪。

欣欣托着下巴，沉思了片刻，然后说："最主要还是因为我看不懂莫奈、凡·高和毕加索。"

"嗯，知之为知之，不知为不知，是知也。"我有些好笑，又不由得佩服欣欣的坦诚。

"就算大众都说他们三个人是历史上鼎鼎有名的大艺术家，他们的作品有这样那样的深刻意义，可是我看不懂就是看不懂。我连理解都做不到，又怎么能说自己喜欢他们呢？这是勉强不得的。等我长大了，能看懂各种流派的画作了，没准我就能喜欢上他们了。说不定我还能成为艺术鉴赏家呢！"欣欣带着憧憬地说。

☆ 我想与您分享

想要养育好一个孩子委实不是一件容易的事，我们不光期待他能够拥有健康活力的体魄，还希望他能和周围人都相处融洽。除此之外，我们还无比殷切地盼望着我们的孩子能够感受到生活的美好，并从中汲取到能滋润灵魂的幸福感。

最后这一点，可能是最重要但也是最难做到的。

身：在欣赏艺术方面，我和欣欣更像一对闺密。我没有刻意营造环境，也没有督促她练习乐器，只是自然而然地带着她听听我感兴趣的音乐，看看我欣赏的话剧，逛逛我心仪的博物馆。久而久之，我们可交流的话题越来越多，她的欣赏能力也越来越强，从我说她听到她滔滔不绝仿佛是水到渠成的事。

心：当我跟欣欣分享欣赏艺术时的幸福感时，从她那里获得了共鸣。这种知己的喜悦促使我们经常开展类似的交流，而我对她"肆意评判"艺术的接纳态度也促进了欣欣的思考、表达和享受其中。

育：欣欣虽然有自己的喜好，但并没有根据自己的喜好否定其他艺术，她能够从自己的角度理解自己的情绪和偏好，是这次交流带给我的意外惊喜之一。美育要先感受到美，对孩子来说，感受远比公认的概念性理解重要。

最后，欣欣因艺术引发的对未来发展的想象是带给我的惊喜之二。

正如古希腊哲学家的灵魂三问："我是谁？我从哪里来？我要到哪里去？"我们每个人在自己漫长的一生中，或许常常会有类似的关于成长的思考：什么是生命？我为什么要活着？我想要怎样活？

对美的思考并不止于探讨艺术本身，也启发了欣欣对自己人生成长路径的探索。

将来，如果她能做自己喜爱又擅长的工作，那真是幸福的事情。

格局篇

不设限，打开视界延展认知半径

格局，"格"是人格、格调；"局"是气度、胸怀。

一个人的格局决定了他生命的高度。

正所谓，站得高才能看得远。

一个人若是没有高度，眼前见到的就只能是鸡毛蒜皮。

一个孩子的格局越大，未来他眼中可选择的道路就越多，走得也越长远。

格局是一个人的视界，既在看得到的范围内，也存在于头脑的思维中。真实的视野是有限的，但思维的广度可以被无限拓宽。

父母可以通过家庭教育来塑造孩子的格局。

在接下来的三章里，我会从"走世界的力量""信息的力量""阅读的力量"三个角度来讨论如何帮助孩子打开格局，提升个人修养。

用走世界的力量提升孩子的高度，帮助孩子拓展对世界的认知和好奇。

用信息的力量提高看待他人的广度，让孩子获得更多元的信息，提升处理关系的能力。

用阅读的力量增加孩子的精神深度，发展自信、积极的自我。

第四章

行万里路，用"心"的探索走世界

曼云会客厅 <<<

　　我希望我儿子逗逗以后眼界能开阔一些，所以从他懂事起，每年放假我们都会带他出去旅游。这些年下来，国内基本上每个省我们都去过，就连国外，我也带着儿子先后去了欧洲的英、法、德、意四国，美国、加拿大、澳大利亚这几个国家也都没放过。

　　不过，我发现逗逗最近一两年似乎对旅游这件事越来越没有兴趣了，也不知道是因为走的地方多了，还是上中学后不爱跟家长出去了。

　　上次我们去泰国玩，他全程捧着手机，不是刷视频就是打游戏，要么就窝在酒店房间睡大觉，死活都不肯和我们一起出去逛。

　　你说这算什么旅游？

　　等回到家，我问逗逗在这趟旅程中都看了什么，果不其然，他是一个字都说不上来，啥都没看见，也啥都没记住。

　　我当时特别生气，就问他："咱们出国旅游，你却全程玩手机，那这一趟还有什么意义？不是白白浪费钱和时间吗？"

　　没想到那臭小子还跟我顶嘴说："妈妈，你出国也就是逛街、刷卡、买东西，本质上也是浪费钱，还好意思说我？"

　　这可把我给气的呀！

　　我现在烦恼的就是，今年暑假又到了，我还要不要继续带孩子出去玩？去吧，也没见他增长什么见识；不去，孩子憋在家里又无所事事。

　　唉，我现在是左右为难！

——来自逗逗妈妈的分享

点对点，真知道

◎ **身**：逗逗一家忙忙碌碌。逗逗刚上中学，全世界都快走遍了。不过，最近这趟旅程听起来并不让人满意，妈妈主要刷卡购物、儿子刷手机玩游戏，都没闲着，但也都跟去哪儿没有太大关系。

◎ **心**：妈妈觉得自己费时费钱地带逗逗出国旅游，好像并没有达到她希望孩子开阔眼界的目的，感觉有些失望。逗逗显然也没有体验到出行的乐趣，反而对旅游没有了热情，还遭到了妈妈的责问。

◎ **育**：逗逗妈妈的初衷是没问题的，但是走出去了并不代表着一定能开阔视野。我建议她这个暑假在出行之前，先和逗逗一起讨论，并做个详细计划。

在做出行计划前，先选择一个孩子感兴趣的目的地，再商量具体行程，注意行程安排以孩子的兴趣和体验为主。每一天结束时，也可以开一个小型总结会，分享当天的收获，以及确定是否调整后面的行程。

上中学的逗逗已经去过那么多地方，一定不缺乏出行的经验和能力。因此，可以让逗逗做全程规划，爸爸妈妈做支持。这样，他既能够自主地安排自己感兴趣的行程，又能够在执行中提升能力，获得成就感。同时，妈妈带孩子旅行开阔眼界的目标也自然能达到了。

是什么

明代书画家董其昌曾在《画旨》一书中说过："画家六法，一曰'气韵生动'。'气韵'不可学，此生而知之，自然天授。然亦有学得处，读万卷书，行万里路，胸中脱去尘浊，自然丘壑内营。成立鄞鄂，随手写出，皆为山水传神矣。"这段话大意是说一个人除去天赋之外，也可以通过后天学习获得为山水传神的画功，这个途径就是读万卷书、行万里路。

这句话的含义被后世广为传用，并引申出更广的含义。

我在这一章，首先与你分享"行万里路"。

正如董其昌所说"行万里路，自然丘壑内营"，大格局的人就是内有丘壑、心有乾坤的人。

帮孩子打开格局的第一步就是带着孩子"走世界"。我在2016年开创了一个活动项目，叫"跟我走世界"。我想讲的"走世界"并不是指单纯地去某地旅游。

走世界，重在一个"走"字。

这个"走"，不仅仅是物理意义上身体力行地行走，而是指人的心要跟着身体一同行走。不然的话，纵使"身"的角度走遍了五湖四海，而"心"却始终困守一隅，那不管走过多少地方，去过多少国家，见过多少人，你都不会有太大的改变，始终是那个重复在固有模式里陈旧的"你"。

就像本章"曼云会客厅"中的逗逗，虽然他去过很多地方，可是他不管去哪里，心里都还惦记着手机上的网络世界，那妈妈费心安排的旅游对他来说就是没有意义的。

带孩子走世界，最重要的就是让孩子保持好奇，让他们时刻保持对世界的探索欲。

走世界也并不是狭义地指走出国门。世界，可以指所有对孩子来说未知的事物。

无论是在身边，还是在远方，只要是陌生的人与环境，不同的文化与风俗，前所未闻的历史与故事，这些都可以成为"世界"的一部分。只要对孩子来说，这趟旅程是一次新奇而有趣的体验，那就都可以说是带着孩子"走世界"。

为什么

📖 打开视野，开阔心胸

所谓"纸上得来终觉浅，绝知此事要躬行"。人不亲眼所见，亲耳所闻，很难得出身临其境才能体会出来的感悟。

现在信息技术非常发达，人们透过网络对世界的了解，超过之前的任何一个时代。可对世界的感知，亲身体验的效果远胜过隔着文字、图片、视频等媒介所了解到的。

聪明的父母懂得"功夫在诗外"，有意识地带孩子尽可能地走出舒适圈，踏访陌生的土地，见识不一样的风土民情，有助于孩子打开视野，见识更广阔的天地。

只有看到世界之大，才能意识到自己不过生活在方寸之间。打开视野最大的好处是能够帮你发现自己的局限性。

庄子在《秋水》篇里曾说过，"井蛙不可语海"，这是因为井底之蛙的眼界受狭小居处的局限；"夏虫不可语冰"，这是因为夏虫的眼界受到时令的制约。

同样，孩子如果不经常抬眼看看外面的世界，他的眼界和心胸也很容易变得越来越狭隘。这样的孩子如果再一直处于被吹捧的状态，他就更容易变得妄自尊大。

📖 见识世界，打开思想的多元视角

很多孩子之所以出现心理问题，是因为执着于对某些事或人的偏见。比如因为学校太破旧、老师不温柔、同学不友好、父母不理解他等，就抑郁或不想上学了。

这并不能怪孩子气量小，看事情单一。孩子容易抱着非此即彼的态度看问题，比如真与伪、善与恶、精神与物质，以及有限和无限等，当然至今，这些依然是很多哲学家甚至科学家辩论不休的主题。孩子无论是由于大脑的思维能力不足还是见识所限，都更容易被非黑即白、非对即错的认识所影响。

这种绝对化使孩子在看问题时过于简单，并受自己偏执的思想所困扰；在看待与自己不同的人和物时容易做出片面的评判，因缺少包容心而不被欢迎。这时如果你用说教的方式告诉孩子要大度一些，孩子也许会还给你一句"凭什么？"而通过让孩子亲眼看到世界的多元性来打破他的思想疆界则是一条捷径。

当孩子亲眼看到和自己平时所处的环境中风格迥异的生活方式，认识到这个世界上还有形形色色的文化，了解到还有很多人在用他不曾知晓的方式努力地生活，就会把人与人存在不同、事与事存在差异作为事实而非道理，纳入他们的认知体系当中。

每去一个不同地方观察他人不一样的生活，孩子会因不同而产生好奇并思考、对比，脑海中的新旧思想会发生碰撞，产生新的思维。经过多次这样的反复碰撞，孩子将会意识到：生活中的人和事并不像数学计算题一样，只有一个正确答案。

孩子再遭遇问题时，这种多元的思维将为他提供丰富的解题思路。

当有人与他的价值观和生活方式不符时，他能接纳世上存在着很多的可能性。

这样，孩子自然就学会了用多元的视角去思考事物，减少绝对化的自我禁锢。

娜娜一直以来都很重视自己的外貌。她的五官长得很秀气，浑身上下唯一让娜娜不满的就是她的肤色遗传了爸爸，不够白皙。为了变白，娜娜经常省下零花钱偷偷购买美白产品，因为这件事，她没少被妈妈说。

这个暑假，娜娜参加了学校举办的交流活动，到德国学习生活了一个月。在那里，她交到了一个好朋友安娜。安娜和娜娜同岁，她有一头漂亮的金色卷发和一身漂亮的小麦色皮肤。

安娜说在德国，她这种肤色才是受到大家追捧的健康肤色，太过白皙的皮肤会让人联想到不良的健康状况。

初时，娜娜觉得安娜的外表不符合自己的审美，可是在和安娜的相处过程中，安娜热情自信的性格吸引了娜娜。一段时间下来，娜娜还发现美国的同学都很热衷于户外运动，酷爱享受阳光，根本看不到有人打遮阳伞。渐渐地，娜娜坚定的"一白遮百丑"的审美观点开始动摇了，到后来，她也加入了同学们户外活动的队伍。

回国以后，妈妈发现娜娜变得更自信了，再也不提自己的皮肤不白这件事了。当然，娜娜的爱美之心并没有变，转而去研究适合自己的户外运动了。

怎么办

如何为孩子规划一次对他来说真正有价值的出行呢？

📖 走世界不是满足虚荣心

我在过去的十几年间，组织过很多次的冬夏令营活动。所以，时常有家长来找我咨询带孩子去哪里好，在我给出建议后，他们最常反馈的一句话是："那个地方我们之前去过了。"

这句话很好地反映了大多数人出行的一种心态——要到没去过的地方看一看。

这些家长其实没有意识到，这句话在一定程度上反映出一种虚荣的心态，把去过哪里当成炫耀的资本。

1995年，在河南信阳鸡公山上，中国少年儿童"手拉手"夏令营营地成立。从1995年开始，中宣部前常务副部长徐惟诚爷爷、他的夫人徐路奶奶、著名教育专家"知心姐姐"卢勤老师、信阳市委宣传部前部长钟家智等前辈，几乎每一年都不曾缺席。从2006年开始，每年策划并带领城市孩子去鸡公山营地，和当地农村小朋友开展"手拉手"活动，就成了我最重要也是最期待的工作。我们做过"手拉手提个好问题""红领巾心向党""你真棒""我的家风故事"等众多主题的"手拉手"夏令营，城乡孩子们手拉手的友谊和欢乐的笑脸，给我留下了无数个美好的回忆。去过十几次的鸡公山并没有因为我熟悉那里的景色而对我失去吸引力，它是承载着我们珍贵记忆的地方。

所以，给孩子选择目的地，不要只满足 "我都去过哪里"的虚荣心，而是关注跟谁去、去做什么。

📖 走世界要摒弃功利心

有一段时间，旅游市场流行"大而全"，什么七天十国、十天转遍欧洲之类的线路最受欢迎。这是市场在迎合人们的需要，由此可见人们非常看重旅游的性价比。

的确，在过去受经济条件等因素影响，人们难得出游，旅行一次能回味很久。当时，少花钱、去多地的高性价比的旅行套餐广受欢迎。可现在的经济条件和便捷的交通，让每个家庭旅行的可能性大大增加。因此，去过多少地方早已不再是走出去的单一目标。深度感受不一样的风土人情，享受在路上的轻松惬意则成为主流。

如果你是给孩子选择一次出行，更需要摒弃功利心。

因为很多孩子活动的组织者最会抓住父母的这种功利心，换一种面孔吸引你。我曾经看过一些夏令营的宣传海报，承诺在五六天的时间里，培养孩子的自主学习能力、自我管理能力，提高心理健康水平、身体素质、抗挫折能力、抗压能力……真是五花八门，每一样都直击父母的痛点。

这样看起来，你可能觉得很可笑。但如果是以"参加一次活动改变一个娃"为目标的父母，则很容易按下购买键。

孩子的童年时光非常宝贵，每一次选择的失误都是莫大的浪费。能让孩子有丰富的体验、留下深刻的记忆，才是出行的首要目标。

📖 三步骤完成有意义的旅行

一次有意义的旅行，不能简单地让孩子一走了之，而是需要事前认真规划、事中专注体验和事后分享复盘。

昊昊（8岁，男）问妈妈："今年寒假去哪儿玩呀？"

妈妈想了下，有些为难地说："现在受到疫情的影响，还不太确定假期能否外出。"看到儿子失落的表情，妈妈赶忙补充："要不，今天晚上，咱们可以先回忆一下原来去过的地方，然后也可以计划一下将来去哪儿。"

刚吃过晚饭，昊昊就积极地摊开地图，拉着妈妈来看："你看，我在地图上都画出来了，成都、广州、三亚、曲阜……"

"哇，原来我们一起去了这么多地方！你都还有印象吗？"

"都有印象啊！成都的大熊猫，广州的"小蛮腰"高塔，三亚的天涯海角，曲阜的孔庙、孔府、孔林……"

"你记得可真清楚啊！"妈妈赞许道。

"那当然，每次出发前你和爸爸就先给我介绍当地的风景名胜；到了那里，我边看你们边讲；晚上到了酒店，我们还一起边翻看白天拍的照片边讲当时发生的趣事。想不记住都难啊！"昊昊故作无奈地摇着头。

妈妈忍不住乐了："你说得很有道理！那如果再出发，你想去哪里呢？"

昊昊想了想，指着地图上的一个圆点说："妈妈，我想选武汉。武汉是最早经历疫情的城市，我舅舅不还去支援了三个月吗？我想看看那里现在怎么样了。"

妈妈听了昊昊的理由，有些感动："是啊，武汉因为抗击疫情被誉为'英雄城市'。如果寒假能出行，我们就去看一看这座英雄城市吧！"

从母子俩的对话中，可以了解到昊昊家每一次出行前，都对目的地做了充分的了解，有了明确的目标再共同做出决定——这是事前认真规划。

在事前规划的过程中，目的地是第一步。接下来，每个人推荐自己感兴趣的游览场所，比如爸爸喜欢博物馆，妈妈喜欢自然风景，孩子喜欢当地最具代表性的老城区等。然后，全家人一起开个家庭会议，把自己选定的地方向大家做推介，最后投票确定游览路线。这样就能做到每个人都是这个行程的共同制定者、参与者，在旅行的过程中就更加有积极性。

到了目的地，昊昊这边参观，那边爸爸妈妈或者补充讲解，或者回答昊昊的疑问——这是事中专注体验。你可能也有过类似的经历，满怀期待地按计划去了，但发现和想象的差距过大，失去了兴致。或者每天走马灯似的匆匆赶行程，参观时也许对景点有些感触，但很快这种感受被下一个行程冲淡了，最后都没有留下深刻印象。而事中专注体验一方面可以将感受及时分享，另一方面，还可以根据感受做出调整，让旅程以人的体验为主，而不是以按计划走完行程为主。

参观结束后，一家人看着拍摄的资料一边回味，一边讨论。这是事后分享复盘。这种复盘不只发生在当时，还可以出现在下一次出行前，总结之前的出行经验，使得新规划更合理。旅行的复盘通常是一次重温快乐的体验，一家人一起回味着旅行中轻松愉快的趣事，并憧憬着下一次的出行。

像这样把孩子当作一个平等的同行伙伴，而不是由父母带领的出行，有助于培养孩子对世界的持续热情和对未知的自主探索精神。

有了这三个步骤作为基础，再继续用读书、游戏来填充，那么完成一趟有意义的旅程就水到渠成了。

不要忽略孩子的状态和感受

毫无疑问，父母都是爱孩子的。但经常有父母以爱之名擅自做出决定，完全不顾孩子的状态和感受。

就拿参加夏令营来说，有把五六岁的孩子就送到夏令营中单飞的；有让青春期的孩子参加营员全是小学生的夏令营的；也有把英语不好的孩子送去参加全程英语教学的英语夏令营的；还有针对自理能力差的孩子，不做事前准备就给报了一个超长时间夏令营的。这样不考虑孩子自身特点和意愿的决定，不仅达不到父母让孩子参加活动的初衷，往往还会起到反作用。

如果你希望通过活动，让孩子体验和他的生活差异比较大的环境或者接受锻炼，那就一定要帮孩子对此做好充分的准备。

为能力目标做好技能训练

我每次组织冬夏令营活动，都会至少提前一个月给营员们写一封信。告诉他们此次活动的时长、地点及目的，要参观哪些地方，有什么交流活动，把必须要他们准备的物品和内容一一列出来。比如2018年我带孩子去欧洲开展音乐之旅活动，计划在萨尔茨堡音乐节上合唱两首中国歌曲。考虑到营员身处全国各地，我统一要求他们先各自练习，等到开营后合唱练习时，我惊喜地发现孩子都认真准备了。实际的演出获得观众们热烈的掌声，孩子们因此感到很自豪。

我在2017年组织的西欧文艺复兴之旅提前三个月开始，每周末跟孩子分享一些夏令营中涉及的内容，有文艺复兴的历史，有旅途中各个国家的风土人情，有在夏令营中将会参观到的画作和艺术家的故事等。孩子开始听录播，后来要求开个网上直播，从我单方面讲变成了大家一起讨论。我看孩子们的热情如此高涨，就布置了一个小任务：请每个孩子认真准备一件自己感兴趣的艺术品进行介绍，待到开营之后分享给大家。

经过三个月的准备，大多数孩子对此次夏令营的行程了如指掌，行程中每天晚上都有小播报员讲解第二天的安排。参观博物馆时，当孩子们看到我们曾经讨论过的艺术品，一个个都如数家珍地抢着说，兴奋溢于言表。

不仅如此，孩子们对介绍艺术品的任务也完成得超过我的预期。每天早晨一出发，他们争先恐后地发言，最后我不得不维持纪律，让他们轮流分享。一路上，小老师们讲得认真，大家听得专注，很好地锻炼了孩子的语言表达能力。

我每次组织活动，都会将类似的任务单提前发给孩子们。这样的准备，为孩子在不熟悉的领域和环境中依然能获得良好体验做出了保障。

你也可以在下次家庭出行中试一试，并注意以下几点：

1. 和孩子共同准备，而不是只要求孩子去准备；
2. 不要只单向分享知识，还要让孩子参与表达；
3. 给孩子布置力所能及的小任务，目的是增加他的体验感。

为环境的落差做心理建设

在我组织过的冬夏令营活动中，我注意到天气过热或者过冷、蚊虫叮咬、餐饮不合口等，这些成人看起来很容易克服的小事，都会给一直受父母照顾的孩子带来负面体验。

2007年暑假，我和卢勤老师组织了一次内蒙古之旅的夏令营活动，为了让孩子们更好地体验草原文化，我特意安排了一晚蒙古包住宿。

哪怕我们订的蒙古包已经算"豪华"级别的了，可对于从小在城市里生活的孩子来说，条件依旧非常"简陋"。

第二天一大早，孩子们一反需要叫早的常态，太阳刚出来他们就纷纷钻出蒙古包，一边跑一边说："太冷了，我们出来晒太阳，暖和暖和。"

我看着刚跃出地平线的太阳，有些啼笑皆非。于是，我把孩子们召集起来，让他们分享昨晚的感受。

孩子们争先恐后地发言。

有个孩子夸张地说："昨天晚上太冷啦，简直像睡在冰窖里一样。"

有个孩子说："蒙古包里有虫子，还能闻到牛粪的味道。"

还有个孩子说："第一天住宾馆没觉得，昨晚住了蒙古包才觉得还是家里好啊！"

卢勤老师鼓励了孩子们在切身体验后最生动的表达，赞美他们克服困难的坚强品质。最后，还借着这份落差感让孩子在对比中学会了感恩，也更加珍惜自己拥有的生活。

太阳升起来了，晒在身上暖洋洋的。从孩子们骄傲的小脸上可以看得出，这次"挨冻事件"将是一次令他们自豪的难忘经历。

类似因环境产生的心理落差事件，在我组织的100多次夏令营活动中经常出现。比如露营时下雨了；住的酒店没有空调；起个大早去看海上日出，走出1公里雾都没散……但这些却成了孩子们多年以后还津津乐道的回忆。那么，怎样让孩子在这样的类似事件中产生积极的体验呢？

1. 不要否定孩子的感受，哪怕和你的感觉不同；

2. 肯定他克服困难的举动，即使只有一点点；

3. 鼓励他在这个过程中体会到的收获，引导他积极关注。

任何一次出行，都不可能百分百完美。当孩子因遇到意外而抱怨时，你也可以这样给孩子做心理建设，把不完美的事情变成有价值的经历。

📖 激发孩子的自主参与性

我创办"跟我走世界"冬夏令营活动的主旨，是带孩子们"走进没有教室的课堂，走上没有国界的舞台"。每一个营会都是一次社会体验，既有在团队内部的竞争、合作，也有对外的展示、分享。每一次活动开始之前，我都会让孩子们自己思考此行的目的、希望得到什么收获，以及准备在过程中做出什么样的努力等等。当孩子有自己主动参与的愿望，他们才会在努力付出后体验收获的成就和喜悦。

不管在国内还是国外，我会尽量在活动中创造很多让孩子交流或展示的机会。比如在贫困山区教当地小朋友学英语，在新疆和少数民族小朋友一起跳舞，在维也纳的金色大厅练习合唱，在萨尔茨堡音乐节上演出，在威尼斯孤儿院捐赠、交流，在美国老人院举办中国新年晚会，在俄罗斯国际夏令营营地晚会上表演中国武术……

当孩子们在异国他乡的舞台上有了一次又一次交流和展示的经历，他们就不会拘泥自己的脚步和上升的空间，学着用丰富的感知开发自己的心智，他们的格局随着自己的开放而渐渐提高。

这些体验让孩子有极强的参与感，激发了孩子的自主参与性。这些活动就不仅仅是被父母安排、被老师带领的旅游，而是孩子用自己的脚步走世界。

📖 不设限，才无限

我带孩子们走世界，无论去哪里，都会提醒他们：无须妄自菲薄，也不要妄自尊大。世界无限精彩，每一个人都知之甚少。鼓励孩子不带着预设，而是亲自体验过后得出属于自己的评判。

带着开放的心态观察社会的多元性，拓展认知宽度和广度，可以使孩子不会轻易被局限。小的角度，他们能够客观看待身边的同学、老师、家人；大的视角，他们可以理性认识社会发展中的变化和不同。这样的孩子在人际关系中就不容易被"激怒"或者被"忽悠"，能从容客观地处理关系和问题。

不给自己的思想设限的孩子，就不会因为对外部环境的无端猜想而自我禁锢。他们将打破世界上国家、文化等人为加设的藩篱，成为地球村真正的主人。

2020年疫情期间，朋友介绍我认识了麦子。她第一次来我办公室时，穿着简洁的休闲装、球鞋，背了一个帆布袋子，笑起来露出八颗牙齿，看起来像明媚的春光。

麦子今年26岁，是一位经历非常丰富的女孩。她因为妈妈工作的原因，在高中时去了加拿大读中学，并且申请上一所英国的大学。受到西方"18岁独立"的文化影响，麦子主动提出大学学费由自己支付一半。妈妈很高兴女儿的责任意识，也有些担忧女儿会因为打工耽误学习。后来妈妈了解到，女儿的很多同学都是如此，还有自己贷款承担全部学费的，便安下心来。

麦子在大学四年里换了几个不同的住处。有时住在学校提供的宿舍，有时住到当地人家里，还和来自世界各地的同学一起租过房子。她说这些经历给了她非常好的机会去了解不同的文化。

大四时，她喜欢上儿童文学，联系了东京大学的一位儿童文学教授，并申请了他的硕士研究生。她在日本读书期间，才思泉涌，写了一套30万字的儿童文学作品。

毕业后她选择回国，在一家教育机构工作了一年，边工作边写作。

她告诉我，接下来，她想去文莱，去了解这个国家的宗教和文化。

不久后，她就申请到了文莱的工作签证，离开了北京。

2022年，听说她得到了一份在联合国工作的机会……

麦子没有获得世人眼中了不起的成就，也没有令人羡慕的经济收入和社会地位。但我却非常欣赏她，在我眼里，她的未来有无限可能。首先，她的独立意识和她父母的信任放手，使她在成年后充分地发展了自我；其次，她对世界上的一切都保持着可贵的好奇心，并且会通过自己的努力去实现自我满足；更重要的是，在她的眼中，文化没有好坏，只有差异，每一个文明都值得去探究。

我想，未来麦子也许会在某个打动她的地方留下来，也许她还会不断地走向陌生的世界。但无论如何，我都相信她将拥有一个由自己谱写的精彩人生。

无论是策划一次孩子的假期出行，还是设定孩子成长的目标，只有不去人为地设限，才会有无限的可能。

自己策划家庭出行

你可能会说：我们想自己带孩子出游，可又不是专业人士，很难做到让行程充满乐趣和有意义。

我从"身、心、育"三分的角度，跟你分享几个小经验，相信你读后也可以成为自己孩子的活动策划专家。

身：兼容并包，和而不同

在出行地点的选择上，有一个小技巧：和你们生活的环境、文化有明显差异的地方是首选。

首先，从经济的角度：要选择更发达或者经济相对落后的城市或地区。国内出行，中小城市的孩子可以到北上广深这种一线城市看一看，而大城市的孩子则要去农村体验一下。国际出行，可以选择去发达国家，也可以选择与我们相同的发展中国家。

其次，从文化的角度：优先考虑参观当地最著名的景点，这一定是当地最具代表性的地方，可以帮助外来游客很直观地了解当地的历史、文化。比如北京的故宫、西安的兵马俑、罗马的斗兽场，都是当地重要的文化地标。

除此之外，一个国家或者地方的饮食也是人们了解当地文化的重要途径。我带孩子们在内蒙古吃手把肉、在海南吃海鲜、在陕西吃凉皮；去俄罗斯喝红菜汤，去法国吃牛排，去意大利吃意大利面和比萨，去英国吃炸鱼薯条、喝下午茶，去新加坡吃当地著名的娘惹餐……

美食是无须语言的交流，也是孩子能接触到的直观的文化体验之一。通过每一个地方的特色饮食，孩子们甚至能了解这个国家和民族发展的印迹。而且，品尝美食时的好奇和满足往往能令孩子记忆深刻。

再次，从环境的角度：你可以让孩子去观察了解目的地的地貌、气候、建筑、经济等。发现独特之处，就是在拓展孩子的认知。

最后，从交流的角度：对于人来说，走到一个陌生的地方，参观、游览都属于被动接受新鲜事物，往往不够深入。如果想更进一步了解当地的文化，最好的方式是通过交流活动。比如，我曾带孩子参观过航天研究院，科学家的讲解和互动提问让孩子们知道了许多航天知识；我们在意大利交流时，托斯卡纳地区的教育局局长讲了意大利教育近几十年的变化，引发了孩子们的思考；在美国老人院做公益活动时，孩子们跟老人们聊天后感慨："原来美国的老人也是很想念他们的子孙啊。"

这种不同文化下的交流，在收获知识之前，还需要孩子具备和不同对象对话的能力。这种准备对孩子来说可是非常好的沟通训练。孩子在和不同文化、不同职业、不同年龄的人交流时，聆听不同的观点，提出自己的疑问，这是思考差异性、了解多元文化、扩展认知半径最直接的方式。

心：投其所好，动静结合

很多父母有一个误区，认为必须收获了一些知识或者做了什么有价值的事情才叫有意义。这本没有错，但如果忽视了孩子的兴趣，只追求意义，那目的将难以达成。因为孩子所期待的假期出行，是一次全然地放松、愉悦地度假、快乐地狂欢。

这些年我总共带过几万名孩子参加冬夏令营活动。父母咨询时最希望孩子参观名胜古迹，而大多数孩子最感兴趣的却是游乐园。

当地名胜固然是很重要，但你不能按照自己的喜好安排。比如，我自己参观卢浮宫、大英博物馆等世界著名博物馆，三天也看不够。但在冬夏令营活动中，基本只安排半天。事实是只有极少数孩子觉得参观时间不够，大部分孩子总是提前结束参观，到达集合地点等待。这期间，还有不少孩子兴致盎然地逛纪念品商店。

因此，与其只关注如何让孩子花更多时间进行大量的参观，不如正视孩子的需求。把你觉得有意义的参观游览和孩子期待的游乐放松活动进行合理分配，动静结合。孩子的需要被满足后的好情绪，反而能提高短时间内的参观质量。

这样，孩子会觉得这次出行对他来说既是有趣的，又是有用的。否则，孩子很可能别别扭扭地来，"到此一游"地回了。

育：行走中建设孩子格局

无论是参观、游览，还是体验、品尝美食，你要明白这些都是手段，而非最终目标。带孩子出行，在给他一个快乐假期的同时，还能让他通过了解不同文化中的习俗、信仰、教育、经济等增长知识。在一次次对新奇事物的观察思索中，孩子就点亮了自己心中一个个新奇的小火苗，触发了他对世界好奇的开关。

当孩子领略到世界文化的多样性时，他思维的多元视角就打开了，发展出开放、包容、谦逊的为人处世的态度。

下次准备出行前，你不妨参考本章的内容试一试，为自己的家庭策划一次精彩的旅行吧。

欣大侠的小故事

欣欣6岁的时候参加了一个"手拉手"活动，去山西的一个贫困乡村里和当地的小朋友进行友好交流。

她刚一抵达目的地走进村子时，就马上用手捂住了鼻子。从小在钢筋水泥的城市里长大的孩子，从来没有闻过乡村牲畜粪便的味道。

上午，活动老师安排城市的小朋友们去体验掰玉米棒子。

刚进玉米地的时候，欣欣特别兴奋，每掰下一根玉米，她脸上的笑容就大一分。可是，没过多久，她就开始难受起来，原因是玉米叶子上细小的刺划伤了她的胳膊，火辣辣地疼。

到了中午，欣欣等一众小朋友被分配到几户相邻的老乡家里。每家都有一个大院子，一家负责制作菜团子，一家负责制作饸饹面，一家提供炸油饼，还有一家负责拌凉菜。小家伙们以前哪里见识过这阵仗，一个个都乐疯了。

孩子们向新结交的农村小伙伴学习着，一边忙忙碌碌地干活一边叫嚷着，仿佛做了多么了不起的大事。每家的食物制作好了以后，他们又在各家各户间窜来窜去地分享美食，那欢快的声音好像一群出笼的小鸟飞上了天。到了这时，欣欣早就忘了村里的牛粪味了。

在那些奔跑的孩子身上，我看到了城市里没有的自由，也在家家户户院子敞开的大门上，看到了乡村里的人情味。

这次乡村之行唯一让欣欣不太适应的是当地的厕所。当地人家用的是旱厕，欣欣去看了，发现厕所就是一个大缸上面架了两块木板。

当时欣欣人小，站在旱厕边上，总害怕自己会一不留神从板子上掉下去，所以一直忍着没在村里上厕所。直到我们离开，大巴车都启动之后，欣欣才终于憋不住了，拉着我的袖子，说："妈妈，我想上厕所，我都憋了一整天了。"没想到好多孩子纷纷响应："我也是！"

搞得我哭笑不得，赶快请司机在最近的高速服务区停车，先解决他们的"大事情"。

晚上开分享会时，这次独特的体验让孩子们纷纷打开了话匣子。

有的说农村的小伙伴会做很多事情，真了不起！

有的说院子里的压水井太好玩了，今天煮面的水都是他们小队压出来的。

欣欣说："我之前读《狗熊掰棒子》，以为掰玉米很容易呢，可我去了之后才发现根本不容易。玉米地这么扎人，太阳又大又热，而且有的玉米要使很大的劲才能拧下来，掰多了手还会酸！这么一想，农民伯伯真是太辛苦了。"

☆ **我想与您分享**

身：生长在城市的欣欣，很少有机会去农村。这一天里，参与田间劳作和农村生活对她来说都是陌生而新奇的体验。她把这次真实的体验和过去看到的童话故事联系起来，给她的认知增加了新的内容。

心：孩子们的感观一天里发生了很多变化，先是对农村味道的厌恶，再是对干农活的好奇，后来对亲手做饭以及在邻里间串门表现得兴致高昂，但是那个看起来很"危险"的旱厕却令大多数孩子望而却步了。

育：正是因为这次目的地和自身生活环境有较大的差异，孩子们才有了很多陌生的体验，拓宽了他们对农村世界的认识。新知识在孩子们的头脑中和原有观念产生了碰撞，最后的分享会就是让他们有机会把这些体会总结出来，这就是他们每个人独特的收获。

关于欣欣和其他小朋友宁愿憋着也不愿意上厕所的事情，我并没有责怪他们。因为这种如厕条件也是我始料未及的，但又是当地生活最真实的一部分，我相信这给他们此行留下了深刻印象，也可能会对他们今后的学习生活产生不可预计的影响。

我尊重欣欣的选择，我希望通过走世界培养她海纳百川的大格局之前，要先做到能够接纳她真实的感受。

第五章

媒介素养——用"思"的智慧接收有效信息

曼云会客厅 <<<

前段时间，我惊讶地发现女儿萱萱成了"网络暴民"。

事情的起因是有一天我们出去吃饭，女儿没带手机，等餐的时候无聊，她就借我的手机刷了一会儿社交网络。回家我使用手机时，发现她没有退出自己的账号，就顺便看了下她都发了什么。这一看不要紧，吓我一跳。这孩子在网上一直都在发表骂人的评论。

我仔细看了一下，她最近似乎正在攻击某个艺人。要不是亲眼看到，我都不敢相信一个刚上六年级的小姑娘，平时看起来那么文静，在网上能用如此难听的话来攻击一个她不认识的陌生人。

之后，我问她为什么要在网上骂人，她对我说她不是无缘无故就骂人，是那个艺人有污点她才骂的，而且不光她在攻击那个艺人，其他好多网友也在骂那个艺人。我女儿还特别义正词严地跟我讲："妈妈，我才不是'网络暴民'，我这是在代表正义讨伐污点艺人！"

可是娱乐新闻里有多少真实性呢？我跟她说，她这是被"水军"和舆论利用了，可我女儿却不听我的，坚持要进行她的"讨伐"大计。我一气之下，没收了她的手机。她在网络上骂不了人了，可是却开始跟我闹脾气。

——来自萱萱妈妈的分享

点对点，真知道

◎ **身**：显然，12岁的萱萱对网络上的信息还不具备辨析能力，看问题还比较简单，很容易被看到的信息影响，进行非黑即白、非对即错的评价。

◎**心**：当她认为自己是正义的化身时，就把自己当成了斗士，意气风发地火力全开。

◎**育**：萱萱妈妈最介意的"骂脏话"在萱萱那里只是被当成了伸张正义的工具。当妈妈问出"为什么"时，质疑的味道就让所有的教育内容被萱萱自动回避了。

妈妈可以先肯定萱萱的正义感，让孩子的一腔正义被理解，而不是直接否定她。

接下来，再和女儿讨论如何对信息进行辨析，哪些条件下的信息比较可信，哪些情况是他人别有用心而为。还可以找一些和网络有关的法规和女儿共同探讨，让女儿明白法律的底线，引导女儿自己做出正确判断。

最后，妈妈可以直接告诉女儿，这种言行无论是在线上还是在线下，都是粗鲁、没有教养的表现，已经超出了自己为人做事的底线，希望女儿成为一个有教养的人，采用更文明的方式表达。

是什么

良好的媒介素养助力格局的提升

现今，我们正在信息的高速路上疾驰。

每一分每一秒，世界上发生的各种新鲜事，都会被媒体这只无形的巨轮在第一时间输送给我们每一个人。快速传播的网络信息和丰富多样的媒体形式，使人们的视野得到了无限拓宽的机会，也使人们摄取知识的广度和便捷性得到了前所未有的飞跃式的提升。

因此，使信息为自己所用并成为生活工作的工具，已经成为新一代人必不可少的能力。

这种能力有一个更为学术性的名词——媒介素养。

1992 年，美国媒体素养研究中心把人们面对不同媒体中各种信息时所表现出的对信息的选择能力、质疑能力、理解能力、评估能力、创造和生产能力以及思辨的反应能力统称为媒介素养。

换句话说，媒介素养就是积极地、建设性地享用大众传播资源的能力，能够充分利用媒介资源完善自我，参与社会进步。而我们作为父母，需要做的就是教导孩子掌握处理信息的能力，使他们在未来能够成为驾驭信息洪流的弄潮儿，而非被巨浪淹没的牺牲品。

📖 家庭教育中需要重视媒介素养的培养

媒介素养教育就是培养人具备良好媒介素养的过程，目的是使个体成为有批判能力、能独立思考媒介信息的人。

信息交流已经成为孩子成长过程中挥之不去的背景色，是他们生命的一部分。孩子从一生下来就无时无刻不在跟图书、电视、手机、电脑、学习机等各种信息源打交道，信息成为学习、生活和社交的重要桥梁。

同时，信息也是令家庭教育更丰富的辅助工具。

当代父母一边享受着信息时代的红利，另一边也产生了这个时代才有的烦恼。

面对海量的网络信息时，如何让孩子不过度沉迷于网络、接收毫无营养的信息？如何让孩子利用媒介创作信息，成为网络的主人？

面对图书、报刊、电视等传统媒介，孩子如何选择对自己有价值的内容？

如何让孩子能够理性识别信息，不因为信息传递的某些观点而冲动行事，做出不切实际甚至伤害自己的决定？

……

家庭中，媒介素养教育就是父母帮助孩子学会辨析及筛选信息、合理使用信息，制作和传播有价值的信息，培养孩子的媒介素养，让他更好地利用信息的力量拓展看世界的广度，提升格局。

为什么

信息过度管控是亲子冲突的焦点

看起来，媒介素养是一个很专业的领域。为什么要把媒介素养教育这么专业的内容放到家庭教育中来呢？

父母对孩子进行过度的信息管控已经逐渐成为亲子冲突的主要原因。

父母对孩子获取的信息进行监管固然有其合理性，但问题往往出在尺度的把控上。

比如，有些父母因为担心孩子学习分心，便把教科书以外的课外书都列为"闲书"而禁止孩子阅读，更有极端的父母甚至会在发现孩子偷读闲书后大闹书店。

又比如，有些父母因为担心青春期的孩子会早恋，便把所有和爱情相关的影视作品都列入"不宜观看"之列，最后干脆给电视贴上封条，除了《新闻联播》之外，严禁孩子观看其他任何电视节目。

比起书籍、报刊、电视这些传统媒介，网络这个媒介更是这些父

母防范的重中之重。

不要玩手机，不要网上聊天，不要玩网络游戏，不要刷短视频……这些都是许多父母挂在嘴边的话。

不少父母谈网色变，仿佛网络是一个巨大的毒瘤，稍一接触就会"污染"自家纯洁无瑕的宝贝。可想而知，这种全盘否定的告诫对一个生活在网络时代的孩子来说并没有说服力。

于是，孩子的"网络保卫战"就此打响，由此在一些父母眼中，他们和孩子的斗争演变成和电子产品的斗争。当战况胶着时，这些父母也理所当然地认为，导致孩子一切不良行为和不理想的学习成绩的罪魁祸首非电子产品莫属。

进行过度信息管控的父母往往忽略了一个事实，那就是他们的焦虑其实和信息本身并没有直接关系。不客气地说，这些父母正是因为缺乏对信息媒介正确的认识以及有效的利用手段，在面对孩子时不知道如何进行引导，才做出上述那些"制裁"。换句话说，父母"一刀切"的处理方式在某种意义上也是一种"懒政"，而极端的禁止行为正是他们在信息利用方面懒惰无能的表现。

归根结底，父母真正担心的其实是孩子的时间管理、信息使用、网络使用等有关媒介素养的能力。如果父母只知道限制各种信息媒介的使用，那么他们也同样限制了孩子接收到现实生活中的丰富信息。

不管是承载信息的课外书和互联网还是传输信息的各种电子设备，他们本身都没有错，只不过成了引发亲子间矛盾的导火索罢了。

因此，在信息井喷的今天，父母与其把课外书、影视剧、手机、电脑当成引发亲子冲突的祸因，不如帮助孩子养成良好的媒介素养，确定他们能够充分享受当前信息时代便捷的福利，汲取有益的信息，拓宽对世界的认识广度。

避免孩子受到负面信息的伤害

我非常理解父母的担心，由于信息一方面是对世界上各种客观事物的反映，一方面也是被再创作和加工处理过的内容，因此不可避免地存在一些极

端、负面甚至阴暗的不良信息，这将会给孩子带来伤害。

避免接触暴力信息

信息中的暴力内容对青少年的负面影响的确是一个无可争议的事实。在过去的半个世纪里，有很多国家开展了有关暴力信息和少年儿童攻击行为关联性的研究。美国卫生署在20世纪70年代进行了一项研究，他们在研究报告中指出：在某些儿童身上，观看电视暴力与侵犯行为之间有因果关系。为了得到更令人信服的结论，美国卫生署于十年后再次请科学界评估电视暴力的影响。美国心理健康组织在1982年发布了这个研究结果：电视暴力确实能使观看节目的儿童产生更多的侵犯行为，电视暴力与侵犯行为之间有因果关系已是非常明显的事实。

在这项长期研究中，工作人员收集了年龄在8岁、19岁以及30岁时的实验对象的资料，结果显示，儿童期对暴力片的偏好和成人后的暴力行为有非常紧密的关系。这个结果说明观看暴力片对儿童产生攻击性行为的影响是长期的。

时至今日，暴力信息已经不仅仅来源于传统媒体中的电影、电视节目等，网络中的视频、游戏都是向孩子传递暴力信息的途径，这无疑增加了孩子产生攻击性行为、攻击性想法或攻击性情绪的可能性。

因此，要想使信息成为提高孩子格局的力量，就要让孩子具备筛选信息的能力，吸收优质信息，避免不良信息。

避免陷入网络欺凌

面对面的欺凌行为通常出现在孩子现实的学习、生活环境中。现在，没有任何一种媒介形式传递信息的能力可以超过网络和电子产品。当网络和电子产品发展成孩子生活的重要环境时，孩子就有可能遭遇网络欺凌。

网络欺凌指诵使用计算机、手机和其他电子设备，给他人造成故意和反复的伤害，包括辱骂、威胁、共享较私人的照片或排挤他人等行为。

2022年9月，美国心理学会网站上曾发布一篇探索网络欺凌的心理学研究文章，文中提供了一组来自美国网络欺凌研究中心的数据：大约每四名青少年中就有一人经历过网络欺凌，经历过网络欺凌的人中有大约六分之一的人也是欺凌者；在9—12岁的青少年中，大约有五分之一的人参与了欺凌。

心理学研究表明，当孩子成为网络欺凌的受害者，他的心理压力会增加，并可能导致焦虑和抑郁症状的出现。更可悲的是，孩子可能会采取消极的应对机制，在极端情况下甚至会选择自我伤害或自杀。因此，我们要保护孩子不成为网络欺凌的受害者。当然，也不要让孩子发展成网络欺凌的参与者。

接收优良信息才有助于扩大格局

信息本身是一个中性词，但内容会给它赋予不同的性质。因此，信息可能对孩子起到积极的作用，也可能起到消极的作用。

具备媒介素养的孩子，能用自己的能力选择有价值的优良信息，使其成为帮助自己成长进步的工具；也能够在信息的海洋中去其糟粕，筛选掉负面信息，避免负面信息给自己带来消极影响。

媒介素养教育能帮助孩子用智慧选择出有价值的信息，由此提升自己的格局。

帮助孩子提升媒介素养三步骤

父母可以通过三个简单的步骤提升孩子的媒介素养，它们依次是鉴别、选择和使用。

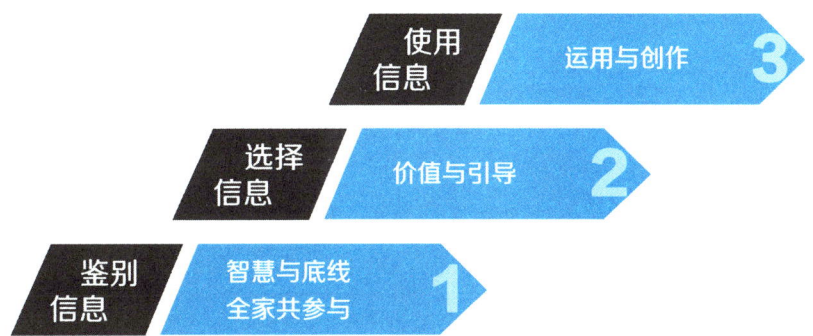

鉴别信息

现在，信息传播的渠道多种多样，有了网络作为支撑，人们随时随地可以从各种电子设备中获得海量的信息。当然，人们接收这些信息时并不会如"网海冲浪"一词描述得这般惬意，从海中抓到"鱼"还是"龙"就需要一点点智慧和技巧了。这就是鉴别信息的能力。

首先，接收信息是有底线的。

孩子在选择或开始阅读一本图书时，带着他一起看一看图书的作者、内容简介、出版社、所获奖项等信息，帮助孩子通过对这些内容的了解，来确定是否购买或者继续阅读。这是对图书信息的鉴别。

孩子准备看一部电影、电视剧时，你也要看看内容是否适合，考虑是否推荐给他。这是对影视媒体信息的鉴别。

同理，面对网络中的广告、文章、音乐、视频、电子游戏时都应如此。

在这个过程中，那些你绝对不能接受的内容，就是你接收信息时个性化的底线。

很多国家都在各种信息管理规定中，专门针对未成年人保护做出了详细说明。

比如2021年3月16日，国家广播电视总局发布了《中华人民共和国广播电视法（征求意见稿）》（以下简称征求意见稿），其中专门为保护未成年人的合法权益提出了明确要求。

征求意见稿第二十三条：广播电视节目集成播放机构应当通过设立未成年人专门频率频道、未成年人专门时段、未成年人节目专区、未成年人模式等措施，建立完善未成年人保护专员、未成年人节目评估委员会等机制，防止未成年人节目出现商业化、成人化和过度娱乐化，保护未成年人合法权益。

广播电视节目包含可能影响未成年人身心健康内容的，广播电视节目集成播放机构应当以显著方式进行提示并合理安排播放时间、版面。

类似于这则条款中对未成年人接收信息的要求，就是法律层面的底线。

根据这两条底线，你可以先帮助孩子鉴别出底线上下的信息，挑选出家庭成员共同认可的个性化部分，罗列在你的家庭规则中。

这种鉴别可以筛选出一些劣质甚至有害的信息，从而设法屏蔽掉。这样做，对于还不具备自主判断能力的孩子来说，可以降低因过早接触诸如暴力、凶残、色情这类信息而带来的风险。

其次，教会孩子鉴别信息的关键是全家共同参与。

推荐你选择在家庭会议的时间来商定，这样做的好处是：

1. 用家庭会议的形式让孩子感觉到鉴别信息的底线并不是随口说说，而是一个重要且严肃的标准。

2. 让孩子面对统一的信息要求。因为当父母发出不同的约束指令时，孩子不明白到底该听谁的，是父母的喜好不同呢，还是底线不一致呢？

3. 让孩子充分理解底线上下的内容以及原则，鼓励他表达自己的观点。切记这是在帮助孩子提高鉴别信息的能力，而不仅仅是通知。

不过，一定要注意过犹不及。帮助孩子进行信息的筛选并不意味着完全屏蔽。

一些家长不让孩子接触任何他们认为有害的信息，以致把孩子养得不知世事，缺少对外界的全面认识，这么做最后反而会害了孩子。

我曾遇到过一个咨询案例。

　　一对家境特别好的夫妻俩十分疼爱他们的独生女。为了防止宝贝女儿被"污染"，在女儿成年之前，他们一直都让她在百分百安全的"温室"中生活。

　　他们的女儿从幼儿园到高中都是上的私立精英学校。这对夫妻对女儿身边的人也反复进行过筛查，任何有不良记录的"害虫"都不能接近他们娇贵的"小公主"。

　　好不容易孩子成年后上了大学，这对夫妻总算松了一口气。没想到女儿在离开家到其他城市上学的第一年，就被网上的陌生人骗了好几千块钱。

　　等到那女孩反应过来自己上当受骗后，她也只能一个劲地不解：这世上怎么会有这么坏的人？

　　由此可见，我们在保护孩子的同时，不要过度回避危险，也需要适当地给予孩子面对真实世界的机会。

选择信息

　　世界上的信息数量无穷无尽，即使经过层层筛选的鉴别之后，信息依旧是海量存在的。

　　你可能也有过这样的体验：拿着手机放不下，看上一个电视剧停不下来；有时打开网页本想找一个资料，结果看到吸引眼球的信息就完全忘记了时间，正事也没做。面对众多信息，这种"乱花渐欲迷人眼"的情景同样会出现在孩子身上。

　　父母要帮助孩子根据个人的需求、时间选择有价值的内容，以防无谓的时间和精力消耗。

　　父母在帮孩子选择信息的时候，可以从信息的渠道来源、媒体运营的逻辑、信息的目标人群、不同媒体机构的定位和立场风格等方向入手。

　　帮助孩子"择其善者而'选'之，其不善者而'弃'之"。让孩子在面对一则信息的时候，不光要知其然，还要知其所以然，这才是避免孩子被外界纷繁的信息误导、利用的最好办法。

具体可以参考下面这个故事中涛涛妈妈的做法。

一天，涛涛和妈妈一起去菜市场买菜。妈妈打算买两根黄瓜回家，不料涛涛却阻止了妈妈。

涛涛说："妈妈，我听说这种顶花带刺的黄瓜是打了避孕药的，人吃了对身体不好，我们不要买它。"

妈妈反问："我怎么不知道有这回事，你这条消息是从哪里得来的？"

涛涛一愣，犹豫着回答："好像是某篇公众号文章提过……还有，之前楼下的王奶奶她们也说过类似的话。"

回到家，妈妈把查到的资料跟涛涛分享："我查找了农业部和中科院发布的相关科研报告，理解了一下，转述给你。首先，黄瓜生长需要的是植物激素，而避孕药属于动物激素，这两者存在根本性的结构差异，无法相互替代。另外，黄瓜成熟了还有花，是因为黄瓜的花是单性花，也就是雌花和雄花是分开的，除了授粉长花以外，单个的小黄花也能长出小黄瓜。这可以是自然发生，也可以是通过植物生长激素诱导发生的。这些信息的来源比较有可信度，所以我们吃了那种长花的黄瓜也不会有什么害处。"

涛涛蒙蒙地点了点头。

妈妈说："你因为读了公众号文章和听了楼下王奶奶等老人的话，就得到了'顶花带刺的黄瓜不能吃'这个信息，并且制止妈妈购买这种黄瓜。你这种得到信息就运用在生活中的习惯非常好！"

被肯定的涛涛很高兴，又疑惑地问："妈妈，那您怎么还不相信我呢？"

妈妈乐了："我不是不相信你，而是当我面对一条信息的时候，会首先通过信息的来源、细节来判断这条信息的可信程度。比如你说的那篇公众号文章，要看公众号是由谁创办的，如果是官方或者著名学术机构，可信度就高；再看作者，如果是农业领域的专业人士，也值得信任。"

"都不是。可是，那篇文章的阅读量和转载量都很大啊。"涛涛忍不住反驳道。

"看的人多并不代表是正确的。尤其网上很多公众号为了吸引流量，无所不用其极。比如他们在策划一篇文章时就想好了如何吸引人，有的是贩卖焦虑，有的引人愤怒，也有激发人们正义感的。让人点开并转发才是他们的目的，所以这样的内容可信度和严谨性都不敢恭维。"妈妈把一些营销号的面纱直接掀开了。

涛涛马上展开联想："就像那种'震惊！厌学少年竟是被这样毁掉的'或者'你再不做这三件事就晚了'的标题党？"

妈妈对儿子的敏锐感到欣慰："看来你还是有自己的判断的。的确，看到一条信息，先不要被情绪左右，看看出处、作者等信息，再去辩证地看内容。越是极端的表达越要警惕。"

涛涛想了想，严肃地说道："以后我不能人云亦云，看到新消息的时候，要先做了调查再发言。不过，我觉得那些标题党的文章也不是全无用处，至少看了后可以了解一些社会热点，还能放松心情。"

妈妈听了涛涛的话大加赞赏："儿子说得真好！凡存在即合理，信息没有错，如何选择信息就是你的智慧喽！"

涛涛妈妈通过这一次科普日常小知识，和孩子一起给信息分类，明晰地跟孩子分享不同信息的价值，帮助他提高选择信息的能力。

使用信息

经过对信息的鉴别和选择，最终目的还是要使用信息。

首先，运用信息。

过去两三年间，受疫情的影响，网课时代进一步加深了少年儿童和数字信息的联系。孩子们在网络上听课，提交作业，和老师、同学交流。同时，他们也从网络中获得拓展性的学习资料，丰富学科学习；了解社会热点，增加对社会的认知；听音乐、看视频、玩游戏等，娱乐放松的同时增加和同学交流的共同语言。孩子选择的信息被运用在学习、生活、社会交往等方方面面。

其次，创作信息。

信息爆炸时代的另一个特性是信息来源不再只由专业机构提供。人人都可以成为自媒体，人人都可以制作出声像作品展示自我、表达需要。青少年正在积极地投入到信息内容的创作中。

美国皮尤研究中心在2022年4—5月期间对1316名13—17岁的青少年进行了网络使用调查，通过和2015年做过的类似调查相比，最新调查发现，在2015年之后，社交媒体的竞争格局发生了显著变化，以发布视频为主要功能的某应用软件后来者居上，成为青少年青睐的网上平台。

在受访青少年中，约三分之二的人表示会使用这个平台，超过一半的青少年创造了媒体内容，大约三分之一的青少年使用互联网分享他们制作的内容。他们以各种身份在平台上进行各种创意表达，同时还会通过网络和他人互动，或者通过合作的形式解决问题及完成任务。

冰冰今年13岁，刚上初中，她心灵手巧，从小热爱折纸，折出来的动植物栩栩如生，她还会用纸折出实用的盒子和包。她的好朋友擅长剪辑视频，于是两个人合作在社交媒体上开了一个账号，专门发她折纸的视频。没想到短短几个月就收获了2000多名"粉丝"，有些教学视频还得到了观众的购买支持。她们也从随意拍一段发上去，到开始根据点击量分别录一些难易有别的教学内容，开始设计视频的节奏、美化视频画面。一年多下来，她们成了拥有1万多名"粉丝"、小有名气的折纸自媒体人。

可能有些父母会心有不甘，并不是所有孩子都像冰冰这样擅长手工，也不是所有孩子都像冰冰的小伙伴一样擅长视频剪辑，难道就让自家的孩子这么落后别人家的孩子一步吗？

不要急，只要善于引导，你也能帮助孩子成为"媒体小达人"。

当孩子选择网络作为信息创作的平台时：

如今，网络几乎是每个家庭无法避开的社交和展示平台，很多孩子和父母表达过想要成为视频博主或是开办自己的公众号进行文字创作，这个时候父母首先需要做到的是在态度上对孩子的想法表示接纳和支持。

切忌一上来就用"不要不务正业"或是"你什么都不会，能做到吗？"这样的话打击孩子的积极性。兴趣是最好的老师，比起技巧和知识储备，孩子的热情才是内容输出的第一必要条件。

然后，你可以坐下来和孩子开一场家庭会议，一起讨论他想进行创作的方向和之后具体的实施方案。

比如，你的孩子一直很喜欢动物，想要制作一些和动物有关的视频，那么这时你可以引导他思考视频选题的定位。动物是一个很大的话题，你可以问一下孩子他是想做动物的知识科普、养殖实况记录、萌宠写真还是其他方面的内容。

当孩子确定了选题方向后，假设他想要做野生动物的知识科普视频，下一步你可以告诉他，在搜集资料的时候如何筛选可靠的信息渠道，在使用资料的时候要注意哪些事项。比如标注引用信息的来源，以及在自己的原创作品上也标注清楚创作者姓名，这些都能帮助孩子有效增强版权意识。

在制作阶段，你不用要求孩子一上来就掌握所有视频制作的技能，要鼓励孩子在创作中学习。如果孩子请求你在技术层面上的帮助，你也可以适当地施以援手，比如给孩子推荐一些可靠的网络课程。

当作品发布后，孩子与他人进行互动交流的过程也是信息创作的一个重要组成部分。能够客观地看待他人对自己作品的评价，也是孩子成为优秀创作者的必备素养之一。在这个过程中，父母需要尽可能地以一种温和、中立的态度对孩子的作品以及他人的评价进行反馈，然后也要帮助孩子分辨有效评论和无效留言，在这期间孩子也会不断进行反思和自我评价。孩子只有对他人、对自己都能保持平和、客观、谦逊的态度，创作之路才会越走越宽。

当孩子选择用传统媒介进行创作时：

校园小报或许是父母和孩子最熟悉的形式。关于校园小报创作，我也有几条建议给你。

和网络平台的内容创作相似，在创作之初，父母要帮助孩子确认自己的创作方向和风格。然后，你们再依据孩子选定的方向，去寻找正规的资料来源和适合的文字、美术模板。

值得注意的是，你需要把孩子的年龄纳入考量。

如果你的孩子处于小学中、低年级，那你其实大可不必在意孩子创作中使用知识的深度和广度。这个年龄段的孩子创作的校园小报以手抄报为主，手抄报创作需要的就是孩子的童真与原始的创作灵感。父母应以引导鼓励为主，比起质量，手抄报的完成度和孩子的创作体验优先等级更高。如果父母过分干涉，反而有可能会揠苗助长，限制了孩子的想象空间。

如果你的孩子已经升入小学高年级或者初中，那他可以把重心转移到作品的质量上。一般高年级的孩子要完成的校园小报多为电子版本，这时你可以为孩子引入一些和排版、文编、美编相关的知识。

哪怕你不是专业的编辑，也并不影响你对孩子提供帮助。如果你愿意，完全可以和孩子一起学习。你不光能够了解到孩子的学习进度，还能增加亲子之间的共同话题，说不定到时候孩子比你学得更快，还能反过来成为你的私人小老师呢！

不管是使用哪种平台，媒介手段的多样化、创作工具的简洁性，都能让孩子更便捷地参与到创作表达中，而创作使孩子从纯粹的信息接收者成为信息的主人。

以上就是信息的鉴别、选择以及使用这三个步骤，可以初步提高孩子的媒介素养能力。

亲子共享信息

当代媒介传播信息的力量是巨大的，也正是因为这种信息传播的便捷性增加了家长的担心。亲子共享信息，可以使父母的教育不在信息领域这个巨大阵地缺席。

孩子每天从哪里获取信息？这些信息会对他产生什么样的影响？即使父母

对孩子传递了一些信息选择的知识，这种担心也依然无法避免，因为父母认为知道了不代表能运用，准备了也会遇到问题。要想缓解这种情绪，最好的办法是亲子共享信息。

首先，你可以把自己认为有价值的信息分享给孩子。

选择的信息类型尽可能丰富，应避免让孩子感到被说教而产生回避心理。我们也时常有这种回避心理，比如，收到父母分享的标题夸张的养生类文章，看过一两次发现没有价值甚至耸人听闻时，就不再点开这类共享的信息。

注意信息内容的多样性。可以是一则社会事件，一部电影的影评，一本图书的介绍，一个有趣的故事等。

不用拘泥于信息的来源，网络、报纸、图书中的信息都可以。

信息分享的方式要符合孩子的年龄特点。如果你的孩子年龄较小，你可以把你想表达的信息藏在一个故事或者小游戏里；如果针对中学生，找准关键点共同探讨更好。总之，无论孩子多大，寓教于乐要比干巴巴地讲更能打动孩子。

其次，你可以主动从孩子那里获取信息。

你的孩子是否愿意跟你分享他得到的信息？你对他当前关注的内容了解吗？

有些父母跟孩子之间除了学习，其他都免谈，这不仅会令父母错过孩子成长的瞬间，还让亲子之间的共同话题越来越少，逐渐会演变成督学和学生的关系。

晶晶（16岁，女）每天必做的事就是看短视频，只要有机会拿到手机就看，这时是她最开心的时刻，经常边看边哈哈大笑。

她刚开始看的时候，经常和爸爸妈妈分享有趣的视频内容，可是爸爸妈妈觉得短视频都没营养，浪费时间，而且看手机对眼睛不好，所以总是批判她，批判短视频。渐渐地，晶晶不再和大人们分享，每次看短视频都躲到自己的房间里，开很小的声音。

最终，短视频变成了随时可能引发家庭战争的炸弹，爸爸妈妈失去了帮助晶晶筛选信息和借助信息共享的方式去引导她的机会。

眼见着女儿在周末穿奇装异服，妈妈先放下对短视频的成见，请晶晶分享几个她关注的短视频账号。妈妈浏览过后发现这些账号都是自媒体，在用比较搞笑的风格录小视频教服装搭配，有些账号的"粉丝"还挺多。

看妈妈不再一味抨击短视频，晶晶也很乐意跟妈妈分享自己在短视频上学到的知识。妈妈因此了解到晶晶已经开始关注自己的外形，因为平时都穿校服，就想在周末的时候尽情展示自我。妈妈对此表示了理解和认同。

后来，妈妈找来几个时尚界的官方平台账号推荐给晶晶，还把自己以前购买的时尚类杂志翻出来，和晶晶一起翻看，晶晶竟得出了时尚几十年一轮回的感慨。妈妈直夸晶晶对时尚的感知力很敏锐。

一段时间以后，晶晶不仅穿衣品位变了，学习也更加努力了，原来啊，她计划考取服装学院，想成为一名服装设计师呢。

孩子的头脑随时被外界信息填充着，如果你不去跟孩子共享他接收到的信息，你们很快就会成为思想上的陌路人。

你也可以像晶晶妈妈这样，试着先接纳孩子接收信息的模式，理解孩子的关注点，接着围绕孩子的兴趣提供更多元的信息，传递一些更有价值的观点，最后对孩子的思考表达赞美。这样既能成功分享孩子获得的信息，又能给出及时的帮助，使信息助力孩子的发展。

做精神世界的同行人

孩子接收到的信息在一定程度上会影响他们的想法，但因为他们的思维不成熟，有时可能一冲动就做出大人看起来很不切实际的决定。此时如果直接否定他们，他们则可能越挫越勇，极力证明自己是正确的。

明轩在六年级时曾参加过我带队的夏令营，在他刚上高一时，明轩爸爸带着他来找我，说孩子要辍学，在家吵了几个月了，谁也说服不了谁。这次是明轩主动提出来要找我评评理，爸爸就带他来了。

听完原委我才知道，明轩并不是因为不想学习才要辍学，而是胸有大志。

原来他在看了电影《叶问》以后，心情一直都很激动，他也想像叶问一样报效祖国。为了实现这个梦想，他打算去香港学习咏春拳，具体的武馆地址他都调查好了。但是父母非但不理解他，还轮番上阵说教，他都准备偷偷拿了证件不辞而别了，想想还是来找我聊聊。

我先表示自己也对叶问很敬佩，又对明轩的信息共情能力表示赞赏。

明轩激动地说："曼云老师，这几个月第一次有人理解我啊！"

之后，我和他一起详细地把《叶问》电影中的情节和当前的现实作对比分析。

我们共同讨论了如下问题：如果你现在奔赴香港，能找到什么水平的老师？这些老师是否还有叶问那样的情怀？如果找到了像叶问那样高水平的老师，要学多久才能出师，又要多少年才能够成为叶问那样的人？

明轩当场上网查资料，了解到学习武术讲究的是童子功，他都已经高一了，早已错过了最佳年龄，估计苦练也没什么用了。而且，叶问就一个，现在的武馆教练水平不可能那么高。如果说电影中的信息激发了明轩的爱国热血，那搜索到的这些网络信息就给盲目决定的他浇了一盆冷水。

我问他："现在已经没有私设擂台打擂的形式了，而是要参加国际比赛。你想维护我们祖国的尊严，当有其他国家的人说出诋毁我们的言论时，以你的外语水平能够做出特别有力的驳斥吗？"

……

当我们一起把想象一步步代入到现实时，明轩发现困难还真不是一星半点，不由得有些茫然。

最后，我说："别气馁。这样，为国争光有很多种方法。比如中国队出去比赛，除了专业的运动员，还需要擅长运动项目管理的人才，这类专业在体育大学就有。你虽然错过了最佳的习武年龄，但是还可以有其他方式展示你的爱国之心啊。有武术能力的人习武报国，你这样充满了爱国热情的人可以通过宣传推广等方式传播中国文化，这样也是报效祖国啊！"

一席交流下来，明轩找到了新的目标。

听他爸爸说，他回家以后非常努力地学习，两年后考上了理想的大学。

我虽然没问他具体的专业，但我相信明轩这样一个有责任感、充满激情、热爱祖国的好孩子，一定会有他清晰的选择。

那次交流中，我发现明轩不想上学的本因其实是出于理想，于是并没有轻视他因为看个电影而异想天开，而是先肯定了他的抱负，他才愿意跟我一起讨论要面对的各种可能性。

青少年很容易被各种信息影响，一部电影、一本书都可能激励出他们的万丈豪情。当孩子乘坐着梦想的热气球飘在天上时，父母不要二话不说就对着气球开枪，而要承认并试着理解他们的诉求，先争取做他们精神世界的同行人，才有可能把成年人有价值的经验分享给他们，这样孩子自会做出对他有利的选择，令梦想成功落地。

另外，通过明轩的故事你可以看到，不仅是网络信息，一部电影、一则消息都可能会影响孩子做出令人意想不到的决定。因此，父母一方面要提升孩子的媒介素养，让信息为己所用，而不是被信息左右；另一方面，要让孩子愿意与你分享。成为孩子精神世界的同行人，才是父母给孩子在信息的海洋中提供的最佳保障。

培养孩子的媒介素养，让他们能从信息海洋中捕获多元且有价值的信息，用信息的力量拓宽视野，打开格局的广度。

欣大侠的小故事

欣欣对于信息的质量很有自己的一套标准。

有段时间她把所有和短视频相关的App都删除了，我就问她为什么。她和我说，她发现现在短视频的质量参差不齐，内容风格也大多低俗。哪怕是一些专家的视频，其中的内容也多是讲座的节选片段，里面的信息不是断章取义，就是太过浅显。有那个时间刷短视频，还不如找几本好书来看更有价值。

通过这件事，我发现欣欣在时间的使用上表现得十分谨慎。

她的这种谨慎还体现在观看电影或者电视剧上面。欣欣曾经和我说过，如果一个平台上的某个剧集需要是会员才能正常观看，那么即使再感兴趣，她也不会去看。

我问她这么做是不是因为她不想为了一部剧充值会员。她说这只是一部分原因，主要还是因为如果不是会员，她就必须要忍受多段漫长的广告，而没有任何一部剧能让她甘愿把自己宝贵的时间浪费在无谓的广告上面。

欣欣除了对于时间十分"吝啬"，她对别人的能力和观点也总不忘心怀质疑和评估。

有时，她会在网上收听知识付费课程，许多人都在讲课，可是她却不是谁的课都愿意听。主讲人普通话不好的她不听，主讲人表达啰唆的她也不听，主讲人逻辑不清晰的她更是根本不听。

在看电影前，她从来都不会去网上看别人的影评。如果实在要为一部电影做一些预习工作，她会选择去看一看影片的简介或是剧情梗概。她知道一千个人心里有一千个哈姆雷特，认为影评是别人的主观看法，而这种过于主观的表达并不会为她的观影体验带来什么帮助。一部电影的好与坏，她会有自己的想法，用不着参考别人的。

最后，在筛选咨询方面，欣欣有的时候会偷偷用我的手机看看我最近在看些什么。

当她告诉我这件事的时候，我有些惊讶。我问她："看到我的浏览记录后，你有什么感想啊？"

小家伙矜持地一笑，对我说："你看的内容还是比较符合我对你的预期的，咱们俩品位上挺接近的。"

她这话搞得我倒颇有些哭笑不得。

☆ 我想与您分享

身：无论多大的孩子，他们都有自己的一套辨别标准。

心：因为我接纳欣欣当下的状态，她感觉到放松，才会不回避地表达自己的观点。

育：只要孩子的判断不涉及原则性的问题，父母就不需要干涉，更不要把自己的喜好强加给孩子。孩子在不断接收信息的过程中，就逐渐形成了自己的价值判断。

从上面的小故事中不难看出，欣欣对信息的判断离不开从各类信息中汲取的内容，她看过的歌剧、听过的网络课程、浏览过的电影电视剧等都为她提供了参考，她将这些信息整合成她自己的评判标准。

在欣欣成长的过程中，无论信息是来自媒体上还是现实中，我都鼓励她尽可能多去体验，有了丰富的在实战中接收信息的机会，她就初步构建出一套自己选择信息的标准。

同时，我会注意她的媒介素养教育。比如和她一起给信息分类，如果是大家关注的热点，会引导她先客观分析，而不是人云亦云，筛掉低劣的、消极的、无营养的信息；共享给她我欣赏的内容；对她分享的信息感到好奇。最后，被欣欣然接收到的信息就会汇聚在她的知识圈里，潜移默化地影响着她的格局。

第六章

读万卷书，用"阅"的路径打破环境壁垒

曼云会客厅

我儿子丢丢今年11岁。他上幼儿园时不爱看书，天天傻玩傻闹。等他上了小学，我寻思这不成啊，孩子一点书都不看，肚子里没墨水，以后还不得脑袋空空。于是，我就按照网站上推荐的，买了一大堆挺贵的经典名著的精装书，把我家原来放摆件的书柜都装满了。我还鼓励他多去看些东西，不管是啥，只要有文字都行。

到了三、四年级，丢丢从同学那儿借到几本书来看了，我还挺高兴的。可有一次我收拾他书包，一看，净是些乱七八糟还没有营养的书！我说："家里那么多好书，你怎么不看？"丢丢用我原来说的话反驳我："您买的那些书全是字，我根本看不下去。再说了，您不是说有字就行吗！"我想着树大自直，先不管他了。

现在都六年级了，我希望他能看些有价值的好书，结果他又沉迷网络小说不能自拔，还经常熬夜看网文。要是他挑灯夜战看的是经典名著，那我还挺欣慰，可一想到他是为了那些"低俗文学"把自己熬出黑眼圈，我就气不打一处来。

我和他说过这事，希望他能提升一下阅读品位。他特别不乐意。他说名著啰唆难懂，不如网文通俗易懂、轻松刺激。他还说我跟不上时代潮流，他们同学现在都看网文，那些大部头是老古董才看的。

我真是发愁，不知道怎么才能让这孩子回到正道上来。

——来自丢丢妈妈的分享

☀ 点对点，真知道

◎**身**：丢丢上幼儿园时基本不读书，从妈妈的描述来看，家里图书较少。他上小学后，妈妈意识到读书的重要性并购买了大量书籍，丢丢才开始接触图书，先后选择了通俗易懂的漫画和网文。

◎**心**：听完丢丢妈妈的描述，我总体感觉是"不满"：对不看书不满；对看漫画不满；觉得网文低俗；听了丢丢的观点，感觉他已经不在正道上了，并为此发愁。而丢丢的感受则是随着年龄增长在不断变化：初时大概是迷茫，幼儿园时不让看书，怎么上小学突然需要看书了，还都是看不懂的书；三、四年级时有些奇怪，自己开始看书了，怎么妈妈原来说有字就行，现在又说书不好了；上小学高年级的丢丢已经有了自己的判断，对妈妈的建议显示出不屑一顾。

◎**育**：养育者的行为和态度会影响孩子阅读习惯的培养。首先，通过了解得知，丢丢妈妈自己不爱看书，她没有为孩子树立一个读书的榜样，所说的话就难以令丢丢信服。其次，妈妈对待丢丢读书的态度一直是不满，这会让孩子感觉到一直被指责、从未被接纳，就很难建设出一个良好的亲子沟通环境，对妈妈说的话自然也越来越不爱听。

我建议丢丢妈妈从现在开始做起，回家先把书柜里的书分分类，把丢丢可能感兴趣的整理出来，自己先了解一下图书内容，再推荐给丢丢。再跟爸爸和丢丢约定一个家庭读书时间，三个人一起读书，针对阅读的内容交流，慢慢地在家庭中培养出阅读的氛围。另外，还要注意以下几点：

1. 刚开始，家庭读书时间不宜过长，氛围要轻松。

2. 要接纳并尊重丢丢的选择，少否定他选的图书，更不要全盘否定孩子。

3. 为丢丢推荐图书时，要根据他的兴趣点和年龄特点来选择，自己先了解，再具体说出推荐的理由。

4. 最后一点最重要，在家庭的读书时间里，爸爸妈妈也要放下手机，专注于读书，做丢丢的阅读榜样。

是什么

在我童年和少年时期，电视节目很少，网络闻所未闻，所谓的旅行多半也只是对着地图想象。

但是，我沉醉于古人的智慧、现代科学的力量；我知道珠穆朗玛峰的威武、阿尔卑斯山的纯净；我向往香格里拉的风情、英式田园的浪漫；我好奇华山的险峻、百慕大三角的神秘；我朝可流连在曹雪芹打造的大观园里，暮可走进柏拉图的理想国。

我足不出户，却可游山川河海；我偏居一隅，也能看古今中外。这些跨越时间空间的体验都得益于读书，也只有读书可以做到。

英国哲学家弗兰西斯·培根曾说："读史使人明智，读诗使人灵秀""读书使人成为完善的人"。

在一些环境中，人们用"读书"代指学习的行为。

在我们日常生活中，我们常把"读书"理解为"阅读"，在本章中，我将以这个通俗的意思为主线来分享读书。

客观地讲，阅读就是一种理解、领悟、吸收、鉴赏、评价和探究的思维过程。而人们对阅读引申出各自的目的，并根据目的赋予了阅读更多的意义：获取知识、丰富思想、陶冶情操、提升修养、提升格局，甚至改变命运。

根据阅读时的专注程度和时间投入，可分为浅层阅读和深度阅读。在快节奏的信息时代，浅层阅读是大部分人的选择，比如浏览标题这样的阅读。但这种阅读只能算是一种信息收集，没有经过精挑细选以及数量的累加，难以给人带来多大的认知差异。深度阅读需要决心、耐心和勤奋，这些素养的形成需要从阅读纸质书籍开始。

2009年，著名市场调研企业明略行公司联合英国班戈大学在英国皇家邮政进行了一个关于大脑神经的激活实验。研究者让被实验的对象分别观看纸质和电子两种图像，并且同时对他们的大脑进行核磁共振扫描。结果发现，处理视觉和空间信息以及加工情感反应的大脑区域，在受到纸质图像刺激后会产生更多的反应。经过一段时间以后，被实验的对象还能回忆起这两种图像信息，但对纸质图像的记忆比电子图像更真实。他们由此得出的结论是："有形的物质在大脑中会留下更深的足迹。"

因此，当电子产品在我们的日常生活中变得越来越普遍时，看纸质书籍仍应该是家长培养孩子阅读习惯的主要形式。

当然，电子阅读和纸质阅读之间并不是取舍关系，电子阅读是传统阅读模式的一种补充增强，但它并不能完全替代纸质阅读，因为纸质图书通常更能让人进入深度阅读。

为什么

阅读促进大脑发展

阅读可以促进大脑中语言、认知、社交和情感等功能区域的发展。有研究发现，读书可以锻炼孩子的想象力、理解能力和推理分析能力。

定期阅读改善大脑功能

美国埃默里大学的神经学家曾在《脑连接》杂志发表过一篇关于阅读对大脑影响的研究报告，名为《小说对大脑连接的短期和长期影响》。该研究报告指出，在阅读小说后，大脑中至少持续几天会发生实际变化，据此得出结论：大脑活动会随着故事情节的起伏而变化，定期阅读可以增强大脑的连通性，改善大脑功能。

另外，还有一项对近10万名美国学龄儿童的数据分析发现，跟不经常阅读的对照组相比，阅读激活了经常和父母一同读书的孩子大脑中负责形成心理图像、破译和理解语言线索的区域，这意味着经常阅读能提高理解能力和推理分析能力。

阅读锻炼大脑的想象力

有一个研究，当参与者阅读诗歌和听音乐、看电影时，分别通过观测记录心率、面部表情以及皮肤和手臂汗毛的运动来研究他们生理及大脑的反应。结果发现，参与者阅读诗歌时，有40%的人最终会像听音乐或看电影时一样，皮肤表面出现明显的鸡皮疙瘩。但头部扫描显示，参与者仅在阅读诗歌时，一部分大脑神经会被激活，而听音乐或看电影时大脑的这些区域却并不活跃。

同样是接收信息的行为，文字阅读对大脑的影响比影音输入更大，更能锻炼大脑的想象力。比如，当你读到"洗手液"和"玫瑰花"时，你大脑中与感觉和气味有关的部分会被激活，进而，你还可能产生使用洗手液时手上出现绵密的泡沫、玫瑰花的芳香等与之相关的联想。这时，你大脑中跟触觉相关的区域也会活跃起来。同样的信息如果是通过图像呈现，接收者则往往不会产生如此丰富的体验。

总之，很多研究结果都能说明阅读尤其是纸质阅读对人大脑的锻炼，无论是对儿童、青少年还是对成人，阅读都能产生较积极的影响。

📖 读书明智

阅读最重要的一个作用就是帮助我们形成独立、辩证的思考能力。因为，一个人的知识体系决定了他的思想高度。比起满腹经纶、酷爱思考的人，文化贫瘠、不爱思考的人更容易被他人的观点左右。

阅读，尤其是深度阅读，并不是将纸张上的文字信息简单地复制粘贴进我们的记忆库当中，还有推理与分析，在审视作者思想的同时，也将其与自身的知识体系相互验证。因此，每一次深度阅读都是一次自我检视的机会。

当孩子阅读得越多越广泛时，接触到的思想就越丰富，也就越不容易被某种单一的观点所左右。增加阅读、扩充知识、勤于思考，有助于他们形成自己的人生智慧。

一天课间，五年级教室里，涛涛、静静和另外几个同学讨论起最近热播却被下架的影视剧。

静静说："这部剧都已经放了五六集了，这会儿突然被下架，背后的原因肯定不简单！"

静静的同桌苗苗说："肯定是男主角的问题，那个男演员之前风评一直都不好，我猜他是不是偷税漏税了吧。"

静静听了不太高兴，她还挺喜欢饰演男主角的那个演员的。

"为什么不能是因为女主角呢？她为人很是霸道，没准她行为不端，才连累了电视剧。"

"你们都太天真了！"静静后桌的小胖不认同地摇摇手指，"个别演员哪能有这么大的影响力，要我说，这都是背后资本的操作。"

涛涛看了眼小胖，问："资本怎么操作的？"

小胖愣了一下，一时也说不出来，只能梗着脖子嘴硬："反正网上经常这么说！"

涛涛笑了："你连资本是啥都说不清楚，就别天天'资本操作'了。这部剧的前几集我都看了，下架的原因根本跟演员和公司没有关系，问题应该出在了剧本上。"

此话一出，其他几位同学都瞪圆了眼，朝涛涛看了过来。

涛涛也没卖关子，解释说："这部剧宣传的是根据真实历史事件改编，可是实际上剧情歪曲了历史，还对历史上的英雄进行了抹黑。这是非常严重的错误，它不下架才怪呢！"

过了几天，果然媒体上出现跟涛涛的见解类似的报道。

这下涛涛成了其他同学崇拜的对象："你可真神啊，怎么一下就猜对了！"

涛涛不好意思地说："我可不是神，我就是暑假正好和爸爸一起读了好多关于那段时期的历史资料，还有过很多讨论。另外，我也不是猜的，我是根据我了解的知识推断出来的。"

小胖听了以后暗自决定，回家就让妈妈多买些历史书来看。

📖 读书提高写作能力

写作能力是现代人非常重要的一种能力。小学阶段的孩子在学习语文时，写作往往是难点。我常听到有些父母说："我家孩子说起话来一套一套的，词语用得还很高级。但一到写作文就犯难，一篇400字的作文，坐在那里几个小时也抠不出来。"

我认识一些很有才华的作家朋友，每每请他们分享写作经验，几乎都会把多读书放在首位。早在一千多年前，唐代大诗人杜甫就曾写下过"读书破万卷，下笔如有神"的诗句。当孩子开始学习写作文时，与其让他机械地背诵好词好句，不如让他大量阅读。你可以陪着孩子一起读不同类型、不同文化的书，读到精妙之处相互分享，加深记忆。

书读多了，那些精妙的立意结构、行文措辞就会潜移默化地影响到孩子，写起作文自然引经据典、下笔如神了。

📖 读书提升格局

人类文明发展至今，有文字记载的历史已经有几千年。人类今天的辉煌成就都不是空中楼阁，而是一步一个脚印，踩在前人创造的文明瑰宝上一路走来的。如何打破时间和空间的壁垒，把人类文明的精华变成自己向前发展的基石呢？书籍就是最稳固的桥梁。

培根说过：人类的智慧和知识的形象将在书中永存；它们能免遭时间的磨

损，并可永远得到翻新。

在阅读书籍的时候，人们不仅能获取信息、扩展认识世界的思想格局，在前人的基础上发展新的思维，成为文明的传承和创造者，更重要的是，还能净化心灵，建构更加光明的人生。

故而高尔基说："我读书越多，书籍就使我和世界越接近，生活对我也变得越加光明和有意义。"

读书的益处还有很多很多，无须赘述。既然这是大家都认同的道理，为什么还要有世界读书日、"全民阅读"等鼓励大家读书的推广活动呢？这就是从知道读书好到养成阅读习惯的距离。

阅读的方法也有很多，我从"身、心、育"三分的角度，帮你梳理一些可以在家庭中使用的方法，帮助孩子爱上读书，从知道到真知道。

身：创建良好的读书环境

选择跟孩子匹配的书

作者创作一本图书，就像在跟读者对话。通常，他们首先会在心中虚拟一类人，确定这本书是为谁而写，是在跟谁对话。就像我写下这一段话的此刻，在我心中就有一个"你"的形象，找想你一定是一位爱学习的妈妈或者爸爸，你爱读书、爱思考，并且有着很强的责任感，愿意通过自己的努力教育好孩子，建设一个幸福的家庭。

那么给孩子写书的作者更是如此，也许他想给0—3岁咿呀学语的婴幼儿一个探索世界的窗口，也许他想带着4—7岁的孩子去像爱丽丝仙境一样的花园转转，也许他想把历史中的经典故事讲给小学生听，或者他想帮青少年种下梦想的种子……

对于12岁以下的孩子来说，童话是一个好的选择。儿童心理学家布鲁诺·贝特尔海姆曾说过："我们都希望自己的孩子能无忧无虑地生活，但事实上生活中又充满了失望和挫折。孩子们生活在成人的世界里，但他们的生活却被一些早就丧失了儿童生活感觉的大人们控制着。因此，孩子们比成人更加需要梦想。孩子们的生活被限制得越多，他们就越想找到能够帮助他们实现梦想的东西。"他专门写过一本书，叫《童话的魅力》，可见他对童话的重视。

为孩子选书时，建议你带着孩子一起挑选。充分考虑孩子的年龄、能力、兴趣、偏好等特点，先选择一些书推荐给他，把图书简介、作者的背景、写作初衷、受众年龄、主要内容等分享给孩子。最后，让孩子选择他感兴趣的图书。

你对图书的判断当然也很重要，但你只需要传递给孩子你的观点，最后还是由他自己做决定。否则，再经典的名著买回家也有可能被搁置。

打造一个读书角

在家中建一个美好温馨的读书角，它可以让孩子爱上读书。

当提起读书时你会想到什么？我会想到在春天公园里的桃树下，阳光和

煦，花瓣纷飞，岁月静好；我会想到童年每个月焦急的等待，邮递员从绿色的大袋子里把带着墨香的杂志递给我，然后使劲一蹬自行车，摇着一串清脆的铃声潇洒地离开；我会想起有年寒假，爸爸出差带回来一套我期盼已久的《静静的顿河》，我坐在温暖的被窝里看到深夜……我想你也一定有很多这样那样的回忆，这就是人类大脑的精妙之处，它会把一个场景、一种感受

和一件事共同组成一个记忆，它们相互关联，彼此激活。

因此，在你的家里建一个读书角，这里最好有阳光、有绿植、有触手可及的书。和孩子一起设置一个专属于阅读的家庭时间，一家人走进读书角里，就好像开启了一个阅读的仪式，在这里读书、交流、思考。孩子爱上的不仅是阅读，还有和父母在一起的温暖时刻。即使在多年以后，当他说起读书，这种温暖的场景也许就会像阅读的影子一样，瞬间流入心田。

选好书，读好书

宋朝从宋太祖时期开始，皇帝就爱读书，宋太宗更是酷爱读书，到了手不释卷的地步。他在一年内读完了共1000卷的规模宏大的分类百科全书《太平御览》，并留下了开卷有益的成语故事。

在图书稀少且珍贵的过去，也许可以做到"开卷有益"。但随着图书出版行业的发展，图书的品类不要说和古代相比，仅仅是跟中华人民共和国成立时比，就增长了几十倍。2019年10月《中国出版传媒商报》公布过一组中华人民共和国70年的出版数据：中华人民共和国诞生元年——1949年，全国出版图书8000种，总印数1.05亿册（张）；至2018年，全国出版图书519250种，总印数100.09亿册（张）。历经70年，全国年图书出版品种增长63.91倍，年图书出版总印数增长94.32倍。

这些数以亿计的图书流入读者手中时，总有一部分是流向孩子的，但孩子手中拿到的书不一定是适合他们阅读的好书。大概十年前，我就接触过一个被一本书恶劣影响的孩子。

那一年丁洋（男）13岁，上初二，有点精神恍惚，有时问他话，叫他两遍，他都好像没听见一样。

有一天，他的妈妈为他收拾房间时，在枕头下面发现一张纸条，上面写着在什么时候什么地点实施跳楼计划。这可把妈妈吓坏了，请了假就带着丁洋来找我做咨询。

丁洋倒是坦然地把计划讲了一遍，听完我才知道他的初衷并不是想放弃生命，而是真的在规划一项"大计"。

原来他最近看了一本科幻小说，小说里说这个世界都是虚幻的，只有像打怪兽一样，经历很多磨难才能到达真实的空间。但有一个捷径，就是在每个月的一号凌晨1点，找到一个三层楼往下跳，跳下去就能快速进入真实的空间。

我听了啼笑皆非，对这本书产生了好奇。于是我跟他约定，请他先暂缓"大计"，下次先把这本神奇的书拿来给我看看。

等他第二次来咨询时，我看到了这本书，由一个不知名的出版社出版的，看作者的名字像是写网文的，封面设计得惊悚，印刷粗劣，内容更是不敢恭维。我又看了简介，发现果然是由网络小说改编出版的，作者不是一个人，而是一个团队，擅长编写玄幻灵怪的文章。到此，这本书的价值和启发性就大打折扣了。我跟丁洋分享了这些后，并没有全盘否定这本书，而是让他自己也可以根据这些方面去做判断。

后来我又推荐了几本世界知名的科幻小说，丁洋阅读过后，渐渐地对天体物理产生了兴趣，把"寻找真实世界的快车道"给抛到脑后了。

几年后，丁洋考上了一所大学的物理专业，爸爸妈妈特意来向我报喜。我们还谈起那本书，都认为这种内容的书真是害人不浅啊！

在孩子成长的过程中，他们的心智在发育中，也在快速地吸收着外界的讯息。尤其是出版物，很容易被孩子深度阅读，而一本内容低劣的书在不经意间，可能就产生了令人抱憾终生的影响。

因此，教会孩子选择好书来阅读很重要。

购买和阅读一本书之前，你可以先带着孩子一起看看这本书的出版信息。比如是哪家出版社出版的？这家出版社擅长出版哪些类型的图书？因为大的出版社在选择图书选题时都会非常慎重，而专业类出版社有其出版专长，所以根据出版社来选书其实就是在做筛选了。

再了解一下这本书的作者信息，如个人专业背景、过去写过哪些书、一贯的主张和写作风格等，以及这本书的创作初衷和他想通过此书传递的思想。

接下来，可以看看图书的获奖情况、推荐人、读者评价等，这是通过他人帮忙做选择。

最后，还要看看是否符合孩子的年龄和兴趣。比如幼儿应以图画书为主；小学生看世界名著会觉得晦涩，可以选择名著改编版本或故事性强的图书；中学生开始深度思考时，就可以涉猎相对通俗些的哲学书和世界名著等。

"与善人居，如入芝兰之室，久而不闻其香，即与之化矣。"和人相处，会"近朱者赤，近墨者黑"。阅读也会产生同样的效果。因此，读书也要读好书，方能"开卷有益"。

心：给心灵一双翅膀

一个人的身体会受到时间、空间的限制，而心灵则可以天马行空。书籍可以为你的心灵插上翅膀，给你的精神世界打开一扇窗。

想象与创造

作者用笔下的文字打开读者想象的世界。阅读，就像是读者和作者心照不宣的心灵碰撞。

通过一本本书，借由不同作者的文字，你可以成为一个探险家，并了解这个世界的多样性。你可以在一条古老的小巷里漫步，也可以在大海上航行；你能够在沙漠里攀登沙丘，也可以在山间呼吸森林的味道；你可以穿越到千年前的旧朝古国，聆听先贤的话语，也可以前往未来，感受充满幻想色彩的新世纪。

能透过文字"看到"这些地方的样子，这就是想象力开始发挥作用了。在图书的世界中，这种精神上的探索能让成长中的孩子拓宽思维、发展想象力。当孩子在读书时使用了想象力，这反过来也会发展他的创造力。当然，发展想象力的关键在于孩子对阅读内容的热忱程度，他越沉浸在书中，就越能被激发出想象力和创造力。因此，让孩子读感兴趣的书很重要。

爱因斯坦曾说过："想象力比知识更重要。知识是有限的，而想象力概括着世界上的一切，推动着进步，并且是知识进化的源泉。"

阅读与同理心

曹雪芹在《红楼梦》中曾写道：世事洞明皆学问，人情练达即文章。

世情人心全都能在书里看到，阅读图书，尤其是小说，也可以被看作是一种练习做人的好方法。

因为小说能够超越对现实的模拟，使读者有机会完全进入他人的思想和感受，这是在纸页之外的世界无法获得的一种体验。

换句话说，读者通过阅读，将自己代入角色，体验自己与角色的不同，与剧中人物同悲喜、共存亡，这整个过程都是对同理心的培养。

同时，这种能够感他人所感、换位思考的能力，是一个人情商的体现，也是一个人拥有完整、成熟人格的标志。

事实上，从神经科学的角度，也有研究可以支持"阅读能够培养同理心"这种说法。

2011年发表在《心理学年鉴》上的一篇研究文章指出，人的大脑中用于理解故事的区域和用于与他人互动的区域存在重叠。

优优是个情感细腻、敏感的孩子，她从小就喜欢看书，时常会为故事中的角色而微笑或落泪。

小时候她读《小美人鱼》，曾因为人鱼公主化为泡沫而难过了整整一周。小小的优优捧着童话书，红着眼圈找到妈妈，伤心又不解地问："小人鱼那么好，为什么一定要变成泡沫消失啊？"

妈妈想了想，说："因为小人鱼很善良，她不愿意伤害心爱的王子，所以才会选择自己变成泡沫。"

优优还是不理解："可这样她的爸爸妈妈，还有几个姐姐难道就不会难过吗？我要是变成了泡沫，妈妈你一定会很伤心吧？"

妈妈很惊讶，优优竟然能有这种解读，她欣慰地抱住了女儿。

"优优，你说得没错，你要是不见了，妈妈一定会难受得不得了！所以，优优你不要学故事里的小人鱼，不管发生了什么，都不要伤害自己，更不要放弃自己的生命。"

就这样，通过这个童话故事，优优接受了最早的生命教育。

初二的暑假，她开始读《傲慢与偏见》，比起男主人公达西和女主人公伊丽莎白，优优对另外一个人物更关注——她对宾利先生意见很大。

她对妈妈说："我不喜欢这个宾利。"

妈妈问："为什么啊？"

"这个男人根本配不上温柔的简。明明一开始他已经和简建立了感情，可是他被妹妹和达西随便劝说几句就开始犹豫，然后招呼都不和简打一声，就不辞而别，独留简一个人在家患得患失，被别人嘲笑。太可恨了！"

优优越说越生气，脸都红了起来。

"如果我是简，可能也容易被他的表象所骗。宾利刚出场的时候，周围人都说他是一个风趣友善、受人欢迎的绅士，可实际上从他的行为来看，这个人软弱，很没有担当。可见，有时候周围人的评价也不一定准确。"

妈妈听了点点头，补充道："你说的有道理。而且，人的性格是多面性的，一个人温和的同时也有可能会优柔寡断，而另一个人冷漠傲慢的表现背后也有可能是沉默刚毅。"

优优听完叹了口气："人可真复杂！我以后看人的时候，还真不能马上就给别人下判断。"

妈妈欣慰地点了点头："人是最复杂的动物，不过你现在可比妈妈当年懂得多多了！"

📖 育：做孩子读书的榜样

苏联著名的教育家苏霍姆林斯基曾说过：浓厚的智力、兴趣、气氛促使孩子去阅读，而阅读是使孩子学习得好的最重要的补救手段。

读书对孩子的学习、生活、能力的培养、格局的筑造都有很大的帮助。但是如果你自己并不爱读书，只想培养孩子的阅读习惯，这恐怕有点难。

有一项关于"照顾者的读写能力水平和儿童阅读能力"的研究结果表明，如果一个家庭中照顾孩子的成人（尤其是母亲）爱阅读，那么这个家庭中的孩子在入学评估时，阅读状况会比其他家庭的孩子更好，而且上学以后往往会接受更多的教育，总体上能获得更高的学业成就水平。另一方面，父亲和其他照顾者的文化水平和阅读行为也至关重要，因为他们较高的读写能力和阅读行为能使孩子在家庭环境中有更多积极的阅读榜样。

昊昊的语文成绩一直垫底，每次作文都是老大难问题。

妈妈为此操碎了心。老师建议昊昊可以增加课外阅读量，于是妈妈给昊昊买了好多经典名著备读。

一个月过去了，妈妈发现之前买回家的那些名著，昊昊一本都没看完。每次妈妈把昊昊"押"到书桌前，昊昊看书不到五分钟就开始犯困。

这天，妈妈又抓到昊昊捧着名著神游的画面，不由得大怒："都说了让你多读些书，你这孩子怎么听不进去呢？"

昊昊看着眼前的大部头撇撇嘴，说："我一看这种长篇的文字就头疼眼花，再怎么看也看不进去。"

妈妈实在是恨铁不成钢。

"你就会狡辩。字你都认得，怎么可能看不进去？"

昊昊不服气地叫道："我不爱看书可不怪我，要怪你找我爸去！"

一旁看手机的爸爸听见了，忍不住反驳："你不爱学习，和我有什么关系？你这孩子可不能乱甩锅啊！"

昊昊揉揉耳朵，嘟嘟囔囔地说："怎么不赖你们？你们在家从来都是捧着手机，不是刷短视频，就是逛购物网站，再不然就是和别人聊天。一天里唯一看点东西，还是刷刷热搜或者公众号。反正我是没见过你俩读书的样子，凭什么这会儿你们反倒要求我去当书虫了？要我说，咱家压根就没有读书氛围，我也根本没从你们俩那里遗传到读书基因，我看不进去书才恰恰说明我是你们俩亲生的！"

昊昊这一番话说得爸爸妈妈哑口无言，一时竟不知道怎么反驳才好。

父母希望孩子养成阅读的习惯，说一千道一万，不如自己以身作则，常常读书。

在孩子学习时，父母可以阅读自己喜欢的图书；

在亲子共处时，父母可以和孩子一起读孩子感兴趣的图书；

在日常讨论时，一本读过的好书可以成为话题。

父母是孩子最早也是最持久的教育者，孩子则是优秀的模仿者。因此，父母应先放下电子设备，从言行上让孩子感觉到大人对读书的兴趣。父母把自己树立成孩子的读书榜样，才是培养孩子阅读习惯的关键。

希望本章的内容能为你提供在家庭中培养孩子爱上阅读的思路。关于阅读的文章、方法数不胜数，还有不少具有指导性意义的图书，《朗读手册》就是其中比较实用的一本阅读指导书。

📖 文化的力量

在格局篇的尾声，我想谈谈文化的力量。不管是"读万卷书""行万里路"，还是讯息处理，说到底这些其实都是文化的力量。只不过文化这个主题太过宽泛，受限于篇幅，我只选了大多数人最熟悉的这三个角度进行展开。

这个世界上有很多哲人通过文字留下了人类文明的瑰宝。当你阅读那些文字时，就好像隔着时空在和他们对话，他们的思想、立意、深度都会影响你对世界的认识，你甚至能从中找到共鸣，进一步激发出自己的探索精神、创作欲望。这是读书的力量。

人的智慧大多来自现实的冲击，而头脑里的思维又需要有机会去现实中检验。所以陆游才说"纸上得来终觉浅，绝知此事要躬行"。当思想在实践中得到验证，就进行了一次升级。这是走世界的力量。

一个人的认知半径是有限的，而现代社会网络和科技的发展让我们在有限的时间和空间内能获取更多的信息，并转化成知识和能力。这是信息的力量。

说到文化，它是能够渗透到人们内心深处的力量，它可以超越时空、地域的界限，是全人类精神的财富。无论是优秀的文学作品，还是人类追求卓越道路上创造的里程碑，都普遍被认为是对客观世界感性上的知识与经验的升华，是值得我们代代传承的意识形态。这就是文化的力量。

所以，不管是作为父母的你，还是孩子，都不要局限于从一种渠道获得知识。你可以利用文化的力量，让孩子有机会跟远高于一般生活的智者对话，让他了解世界上公认的价值取向，让他欣赏人类在这个地球上开出的无数朵璀璨的文明之花。

世界上总有我们穷尽一生也无法踏足的地方，那是到不了的远方；更有穷思竭虑也理解不了的空间，那是格局以外的盲区。

父母能做的是让孩子能从多元的世界里汲取文化的力量，用文化的力量影响他的世界观、人生观、价值观，使他成长为一个眼界宽、格局大、修养好的人。

欣大侠的小故事

我最大的爱好就是读书。从欣欣婴儿时期开始，书籍自然而然地就成了我们俩互动的媒介，那时书是她最熟悉的玩具。欣欣抓周时，把其他物品拿起又放下，最后直奔一本大字典，翻开就津津有味地"阅读"起来。

在欣欣不识字的幼儿时期，她主要看纯图画类书籍。如果她向我提问，我会先放下自己正在读的书，为她做故事旁白解说员，将故事讲得绘声绘色。

等到她认得一些字后，她能阅读的书就丰富起来，文图结合、字少且大的最受她欢迎。"看图说话"之余，我们还会在光线昏暗的地方、出行的路上，听一些音频书。

上了小学，欣欣在学会拼音后，她的阅读需求一下子体现出来。她会主动提出想要阅读哪些书，这时我就会为她挑选标注有拼音的版本，这样她的自主阅读还兼具了学习拼音和字词的功能。当她发现有的字词拼音和我平时说话的语音语调不一样时，还会兴奋地纠正我。

比如"粗犷"的拼音是"cū guǎng"，而我以前读"cū kuàng"；"氛围"的拼音是"fēn wéi"，我之前读"fèn wéi"；"挫折"的拼音是"cuò zhé"，而我常常读成"cuō zhé"等。

她自从成了我的小老师，对拼音的学习热情相当高涨，对阅读的兴致水涨船高。而我乐得被谆谆教导，也虚心接受。

等欣欣到了小学中高年级，她的字词掌握量已经足以让她对全文字书籍进行通顺阅读，我会和她一起交流书籍和故事中的文化背景信息。

比如，在她读《俗世奇人》的时候，我会借着故事里人物的不同特点，跟她讨论人性的复杂多样；在她读《城南旧事》的时候，我会趁机和她讲一讲老北京的那些旧人旧事；她读《茶馆》，我会和她讲中国的近代史；她读《百年孤独》，我会和她讲为什么故事里的人物名字又长又难记……

除此之外，从她3岁起，我就带着她走世界：带她去看话剧、戏剧、音乐会等多种形式的艺术演出；去各种博物馆中看人类文明的宝藏……渐渐地，她能将读万卷书和行万里路自己整合到一起。

欣欣上中学后，会跟我分享她在书中、学校里、网络上，甚至电影电视剧中的发现，我们会在出行中针对一些现象展开更多的讨论。

文化、读书、分享让我和欣欣之间已经从单向传递渐渐地变成互通有无、精神同行的伙伴。

☆ 我想与您分享

其实读书、获取知识的好处早已经是世人共知，但热爱读书依然是大家追求的境界。这就说明并不是我们知道了就可以做到，要想真知道还需要一个过程。

身：我培养欣欣的阅读习惯是从她婴儿时期开始的，并且根据她的认知发展、能力大小、客观需要不断为她选择合适的书籍，这使得她阅读起来不太费力，阅读目标比较容易达成。

心：因为我发自内心地喜欢读书，我这种来自阅读的喜悦在每一次和她一起打开书本时都能感染到她。

育：当欣欣发现获得的知识能用来纠正妈妈的错误时，这让作为小孩子的她产生了骄傲和自豪之感。知识在现实中的用处使她体验到阅读的意义和价值，这成为她持续读书的动力。

还有，几乎是从小学开始写作文起，欣欣就没有为写作文而发愁过。初时她毫无章法，没有高级的语言，写出来的也不是范文的标准。但她总是有话要说，那些走世界的见闻、那些书籍中的世界、那些她经历的事情，都能成为她作文的素材。

我培养欣欣良好的读书习惯，并不仅仅是希望她能从文字中获得知识，还希望她通过读书引发思考，把知识转化成她自己的修养，更希望她能够在阅读中和贤者对话，感受这世界的美，扩大自己的格局。

就如美国散文家、诗人爱默生形容读书时这样：我愿意在每一个美好的思想前停留，就像在每一条真理面前停留一样。

社会化篇

立足支持体系，拥有走向未来的力量

孩子成长通常需要三种教育，家庭教育、学校教育和社会教育。这也是一个人在现代社会中，从自然人发展成为社会人的普遍进程。家庭教育是孩子一出生就开始接受的教育，它的最终目的，是能让孩子顺利走进学校学习文化知识、走上社会开始建设自己的人生。

因此，家庭教育的重要性在于它不仅要立足于当下，解决孩子在学习、生活中遇到的一个个问题，更要为孩子在未来能够走入社会未雨绸缪。

社会化是个体对社会的认识与适应。它是通过个体与社会环境相互作用实现的，家庭和学校、社会一起，共同完成对孩子社会化的教育。这是一个逐渐内化的过程。

在《家庭教育，真知道》这套书的最后一个篇章里，我将分别从亲密关系、职业生涯发展和人生定位三个方面和你分享，这些都是不紧急却很重要的家庭教育内容。这是孩子未来能够自信地挥手告别父母，踏上他精彩人生路程的财富。

第七章

亲密关系是值得终身探索的生命课题

✍ 曼云会客厅 <<<

我女儿小玥快要大学毕业了。她上大二时交了一个男朋友，没想到这个男朋友却差点毁了她。

小玥是那种特别文静的姑娘，从小到大都很听话。因为我们和她讲过，在大学之前，学习最重要，所以在她生命的前十八年里，她就一点早恋的苗头都没有，一直到如愿考上了本市的名牌大学。

小玥上大学后，我觉得什么时间该做什么事，交交男朋友也是正常的。所以，即使她交的这个男朋友是外地一个小县城的，家境一般，我们也没太反对。

开始的一年，她每周回家谈起这段恋情的时候总是满脸甜蜜，这让我很高兴。我们和她的这个男朋友虽然没有见过面，但是女儿的甜蜜笑容也让我们对他有了好感。可到了大三的时候，我女儿却突然变得多愁善感起来。

一开始，我没当回事，毕竟人在恋爱时总会患得患失。直到大四这一年，我们每次谈到接下来她是工作还是考研的时候，就明显感觉小玥情绪低落。在我的反复追问下，她才说自己只会死读书，怕找不到工作，又不会说好听的话讨别人开心，一无是处。

我听了大为惊讶，我女儿性格好、样貌端庄，从小到大成绩优异，还会拉小提琴和跳芭蕾，气质修养都很好。以前不说多么自信吧，但也绝没有自卑心理，更不要说自我贬低了。我一边宽慰女儿一边好奇她怎么会有这样的想法，也有些懊悔之前都没有关注女儿的变化。

等女儿吞吞吐吐地说出原因之后，我真是气不打一处来，原来都是她交的那个男朋友灌输给她的思想。我先压下心中的怒火，好言劝慰女儿，说："从小到大，老师同学对你的评价都非常好，大学和专业都不错，哪至于像他说的那么差。再说了咱们家不说大富大贵，也是小有资产，又不用依靠别人生存。"

没想到我的话没说完，女儿就说："妈，您别说了，他说咱们家肤浅虚荣，你们就是把我养得娇滴滴的，好让我离不开家。马上毕业了，我这么肩不能挑手不能提的，接下来怎么陪他吃苦。"

我的脑海中快速闪过一个念头："我女儿是被那个坏小子PUA（精神控制）了啊！"

——来自小玥妈妈的分享

💡 点对点，真知道

- ◎ **身**：小玥已经是成年人了，在这个年龄阶段，很多人生的价值观已经形成，并且会指导她在社会中生存。但从她和男朋友交往的结果来看，她还不具备发展出一段健康的亲密关系的能力。

- ◎ **心**：小玥在和男朋友交往之初，品尝到了爱情的甜蜜。但后来，她不知不觉套上了对方编织的心灵牢笼，且心甘情愿地把自己困在其中。

- ◎ **育**：通过小玥妈妈的描述可以看出，小玥在亲密关系中的角色一直没变，只是从爸爸妈妈的乖乖女变成了男朋友的小绵羊。而父母在小玥成长过程中，显然没有意识到在亲子关系中孩子听话有什么不好，更不知道他们家的亲子关系给小玥提供了一个塑造未来亲密关系的模板。后来，小玥妈妈和爸爸认真了解了亲密关系的重要性，开始重新审视亲子关系以及小玥的性格。

爸爸妈妈先是和小玥针对她目前的状态开展了一次长谈，让小玥知道爸爸妈妈最关心的并不是她找到什么工作，而是她能否快乐，并且会全力以赴地帮助她走出糟糕的状态。而且，在爸爸妈妈眼中，她已经是一个有自主能力的成年人，聪明又有才华。父母的欣赏和支持的态度让小玥慢慢地放松下来。

接下来，爸爸妈妈鼓励小玥谈谈她对恋爱和婚姻的认识。原来小玥觉得上了大学就应该谈恋爱，上大学以前应该好好学习。上了大二，遇到了这个男朋友，正好他能力强，像爸爸妈妈一样把事情都安排好了，她觉得这是一种很熟悉的感觉，就答应和他相处了。爸爸妈妈第一次向女儿分享了他们的婚恋观——要平等尊重，还要相互包容。小玥听完若有所思，认真思考了和男朋友相处的点点滴滴，最后决定分手。

是什么

一个孩子从婴儿期开始，就发展出对安全和爱的需要，如果这种需要得到了满足，则有助于发展他对自我和世界的积极关注。这种满足往往是由身边的固定养育者提供的，比如父母和其他照看者。这就是在原生家庭中的亲密关系。等到孩子长大成人，开始恋爱、走进婚姻、生育子女等，都是不断地在跟其他人建立亲密关系。

亲密关系主要体现在个体和他人之间的爱与被爱，包括你和亲人、友人、伴侣之间较高程度的彼此关心，相互理解、信任、依赖，对对方忠诚等情感处理特点。因此，亲密关系是贯穿人一生的课题，是一个更为广泛的概念，并不只局限于两性关系。

美国著名精神医学家哈里·斯塔克·沙利文认为，人格是社会造就的，存在于人际间的互动当中，个体在儿童青少年阶段人际关系方面的社会心理发展，是一个阶段性的、不断累积的过程。沙利文把人格发展分为六个阶段，每个阶段个体的亲密关系对象和需要是有差异的。

在婴儿期，孩子需要得到生理上的满足，最需要母亲和其他照看者的温柔照料。

在幼儿期，人际关系以家庭关系为主，孩子需要和父母有较多的、愉快的游戏性互动，被父母赞许有助于形成积极的人格特点。

在少年期，孩子长大了一些，更趋向社会性，进入如学校这样的社会团体，出现老师、同伴等父母之外的重要他人，需要和同伴玩耍，获得社会团体的认可和接纳。

在前青年期，孩子的人际交往从儿童化走向成熟，需要被同性别的伙伴

确认，形成平等、互惠的交往，能够和他们建立亲密关系。

在青年初期，他们开始关注和接触异性，并发展出不同性别的亲密关系。

到了青年后期，他们需要融入成年人的社会，需要志趣相投的朋友，并发展出伴侣、亲子等以家庭为核心的亲密关系。

当个体进入青年后期时，人格逐渐形成，亲密关系的角色也从学习的阶段变得日渐成熟，他们将成为和身边重要他人发展亲密关系的主角，并有能力建设一段健康、良性的亲密关系。

为什么

📖 幼年时良好的亲密关系更有利于人际关系的发展

哈里·斯塔克·沙利文认为，人生来就有追求满足和"人际安全"的需要，最初和父母建立出的良好关系可以让孩子获得安全感，帮助他建立出稳定的自我意识。孩子在早期的亲密关系经历中的感受，无论是受挫还是被满足，都会影响到他之后的亲密关系的质量和自我认同感的发展。

如果一个人在幼年时和父母建立了良好的亲密关系，他就获得了建设关系的成功经验。这些经验可以帮助他在人际关系发生重要转变时顺利过渡。反之，如果一个人在幼年时期亲密关系不良或者不稳定，将容易导致他在发展后面的亲密关系中产生焦虑。幼年时期的亲密关系是未来亲密关系的基础。

在幼年时期出现亲子关系疏离、照看者不稳定、被情感忽视等情况的个体，进入小学后会出现人际关系不良的情况，过去的不安全感会让他在社会团体中做出不适宜的举动，进而得不到同伴的认同，发展良好的同伴亲密关系这个目标也难以完成。

小丁父母在大城市打拼，小丁出生后不久妈妈就上班去了，爷爷奶奶赶来照看小丁。小丁几个月大时，爷爷奶奶觉得城市里居住的房子太小，不如老家有大院子，方便孩子玩耍，经过商议，他们把小丁带回了老家照看，这样小丁的父母也可以安心工作。在小丁1岁多时，妈妈把他接了回来，但爷爷奶奶并不想来城市跟他们一起生活。妈妈就请姥姥来照看小丁，但因为姥爷身体不好，姥姥每个月都得回去几天，这时妈妈就请假照看小丁。过了几个月，妈妈没有办法总是请假，只能把小丁又送回到老家。

就这样，到上小学后小丁的生活才完全稳定下来。上学没多久，老师就反映小丁喜欢发出很大的声响吓唬别人，当有同学跟他意见不一致时，他就会大哭大闹，还有说谎行为……妈妈被一个接一个的问题搞得头疼不已，把这些问题全归罪于老人溺爱小丁，没把习惯培养好。

小丁的这些表现，很可能是由于他在人际相处时安全感不足。大声哭闹、说谎都是他自我保护的方式，只是这些方式很难得到同伴的认可，自然也交不到好朋友。

如果这种情况持续到他步入青春期后，他可能就会对建立更为亲密的友谊望而却步。他因为没有积累出足够的经验来应对更为复杂的人际关系，面对更高要求的人际关系时就会因无能感而回避，久而久之会因为感到孤独和被孤立而排斥进入到社会团体中，个体的社会化进程也因此受阻。

于海出生没多久，爸爸妈妈因为工作比较忙，就把他放在姥姥家，每周末回去看他一次。那时爸爸妈妈想得很简单，小孩子吃饱穿暖就可以了，两个人多打拼几年，未来能给儿子更好的生活和教育。所以，于海哭着闹着要跟爸爸妈妈回家时，总是被拒绝，好多次妈妈心情不好时还会斥责他："你这孩子怎么这么不懂事，爸爸妈妈不还是为了你？我们早出晚归的，哪有时间照顾你啊！"

姥爷的脾气比较暴躁，有时姥姥或于海的行为达不到他的要求，就会大声训斥。在小小的于海眼中，姥爷像大老虎一样可怕。刚开始，于海哭着说想回家时，姥姥还耐心地哄一哄，再后来，姥姥心情不好时也没了耐心，对他说："你就是养不熟的白眼狼！我也不要你了，下回你妈来，就让她把你带走。"

渐渐地，于海可能是为了不让姥姥伤心，便不再提回家的事；也可能因为爸爸妈妈忙起来时周末也要出差，接触的时间变少，他说想家的次数也越来越少。

上小学时，妈妈担心耽误于海的学习，把他接到了身边上学。

在学校，于海想跟小朋友玩，但又不知道怎么加入他们，很多时候都是一个人静静地坐着。老师组织同学一起做游戏、活动时，他也总因为担心做不好而紧张。小学六年，于海没有交到一个好朋友。爸爸妈妈则认为儿子胆子小，长大多锻炼就好了。

到了中学，学习时间紧张，班级组织的活动减少，同学们在偶尔的闲暇时间都去找各自的好朋友交流。于海感觉自己和班级甚至学校都格格不入。每天一个人坐在班级里感觉很孤独，下课时看到同学们三三两两玩闹时，他产生了深深的自卑感。

这些感受让他感到很压抑，初二开学时，他无论如何都不想再去学校了。

于海在早期家庭关系中体验到的是不安全感、不被接纳，这让他在与人相处时小心翼翼。而父母并没有能及时重视这一点，在小学阶段也没有帮助他建设出跟同伴的良好关系，以致在上中学时，他没有任何成功的交友经验拿来借鉴，只好用离开学校的方式来逃避他在团体中感受到的负面情绪。

可见，一个人在婴幼儿及童年时期和父母的良性互动，是对亲密关系最初的感受和学习的过程，这种良性互动会为他之后建立社会人际关系提供优良而稳定的基础。

良好的亲密关系令人更有价值感

一个人如果想要在社会化过程中获得更好的生存和发展，首先就需要明确自己在社会中的角色和定位，并且能够在完成角色任务的过程中实现自我价值。个体在和他人互动中，通过发觉自己的行为是否受欢迎来判断是否有价值。因此，人的自我价值从根本上来说，是通过与他人的关系尤其是亲密关系实现的。

1938年，美国哈佛大学同时开展了两个史上最长的针对成人发展的研究项目——The Grant Study 和 The Glueck Study，前者的研究对象是哈佛大学200多名19岁左右的男生，后者的研究对象是波士顿456名11—16岁的男孩。后来，这两个项目合二为一，被称为"成人发展研究"项目。

这个项目的第四任负责人、哈佛大学医学院附属麻省总医院的教授罗伯特·瓦尔丁格在TED上讲到，在75年的时间里，研究人员对724位男性进行了不间断的跟踪记录，包括他们的工作、生活和健康状况等。

研究发现，良好和亲密的婚姻关系能使人减缓大脑的记忆力衰退，降低衰老带来的痛苦，而充满争吵的生活和没有爱的婚姻，对人健康的影响比离婚或者独身状态还要大。那些跟家庭成员更亲近、热爱和朋友邻居交往的人，比不善交际、离群索居的人更快乐、更健康，寿命更长。

不仅如此，研究还发现，参与者中和母亲、兄弟姐妹等的亲密关系上得分较高的58个人，平均年薪是得分较低的31个人的2.5倍。

由此得出的结论是，一个人结婚与否、拥有朋友数量的多少，都不是真正决定一个人身心健康的因素。关系的质量要比数量更重要，亲密的社会关系才是影响个体健康状态的关键因素。可以说，具备和他人建立成熟、稳定、良好亲密关系的能力，是一个人一生健康、幸福的重要因素。

怎么办

建立良好的亲子关系

通过研究人际关系的发展过程，你不难发现：孩子和父母或者其他养育者的关系，对他日后发展其他亲密关系起了至关重要的作用。

婴幼儿时期的亲子关系就为孩子之后发展亲密关系打下了基础。父母持续稳定的陪伴、经常对孩子的言行表示赞许，将使孩子获得足够的安全感，并乐于发展亲密关系。

美国心理学家玛丽·安斯沃斯曾经开展过一系列"陌生情境测验"，用来评定0—2岁婴幼儿对母亲依恋的安全性。

工作人员准备了一间放有玩具的舒适的实验室，在这里观察婴幼儿在一系列情境中的行为与反应。实验中出现了一系列的情境：工作人员先后邀请母亲与婴幼儿进入实验室，当婴幼儿安静下来并开始玩玩具时，便有一位友善却陌生的成人加入；接着，母亲离开房间，留下这位陌生人和婴幼儿单独相处；随后，母亲回来，陌生人离开房间；最后，母亲再次离开，房间内只留下婴幼儿独处等。研究人员记录下婴幼儿的行为表现，包括他们探索行为的次数、和母亲分离时的反应、与陌生人共处时的焦虑水平，以及和母亲重聚后的反应等。

根据婴幼儿不同的行为表现，玛丽·安斯沃斯将婴幼儿的依恋分为三种类型，分别是安全型依恋、不安全—回避型依恋和不安全—反抗型依恋。

你也可以参考这三种依恋类型，评估你和孩子的关系并根据需要做出调整。

安全型依恋

婴幼儿与母亲在一起时能安心地玩玩具，并不总是黏着母亲；当母亲离开时，他们则明显地表现出苦恼；当母亲回来后，他们会立即寻求与母亲的亲密接触，且能很快平静下来并继续玩游戏。他们对母亲和陌生人的反应都比较积极。

不安全—回避型依恋

婴幼儿在母亲离开时并不显得紧张或忧虑；当母亲回来后，他们也不予理会或者短暂接近一下又走开，表现出忽视和躲避的行为；他们在接受陌生人安慰时的表现和接受母亲的安慰时没有差别。这种类型的婴幼儿对母亲没有形成特别亲密的感情联结。

不安全—反抗型依恋

婴幼儿在母亲离去时会做出大喊大叫等强烈反抗的行为；当母亲回来后，

他们表现出矛盾的行为，极力寻求与母亲的接触，但同时又显示出反抗甚至发怒，很难再专心去玩玩具。这种类型通常也被称作"矛盾型依恋"或者"焦虑型依恋"。

在婴幼儿时期，如果父母能稳定地陪伴孩子，并给予比较多的赞许，能及时满足孩子的需求，在孩子感到难过或者哭泣的时候能够抱着他，让他感到安全，亲子之间就更有可能发展出安全的依恋关系。

回避型依恋的孩子往往在情感上被父母忽视，而父母也常常得不到他们的情感回应。他们的父母往往抱有一些自认为重要的观点并坚决执行，比如不能给孩子太多的关注，免得宠坏他们，由此经常忽视孩子的需求，即使在孩子受伤或生病时也会拒绝孩子；或者他们认为孩子应该早早独立，因而不鼓励他们哭泣等软弱的行为。在这种互动下，回避型依恋的孩子在生命早期就学会了在受到惊吓或痛苦时，抑制住自己向父母寻求安慰的欲望。

反抗型依恋的孩子的父母也有忽略孩子的现象，但他们往往会在事后用过度放纵来进行弥补。并且，父母在和孩子互动时，表现方式常常不一致或者不可预测。当父母在截然不同的反应之间摇摆不定时，孩子则会产生困惑和对父母的不信任感，因为他不知道自己该对父母的反应报以什么样的期待，这种焦虑会使他变得愤怒或具有攻击性。

从安全型和非安全型依恋的形成原因来看，你会发现，安全型依恋类型孩子的父母好像没做什么，反观非安全型依恋类型孩子的父母却做了很多，比如过早的不恰当的"挫折教育""独立性教育"；或者夫妻之间持有不一致的教育理念且相互攻击；对孩子的关注度忽高忽低。这两种非安全型依恋类型孩子的父母都有一个共同特点，就是忽视孩子的情感。

如果你发现孩子有上述非安全性依恋类型的某些特点，即使孩子已经上小学或者中学了，也不要担忧。研究者认为：虽然孩子对父母的依恋类型具有明显的稳定性，但在家庭环境经历较大变化后或者亲子间的互动模式发生较大转变时，依恋类型也可能会发生变化。也就是说，对于非安全型依恋类型的孩子，通过一些方式也可以帮助他转变为安全型依恋。

父母应当和孩子保持稳定而积极的亲密关系，因为稳定是孩子获得安全感的重要因素。从"身、心、育"三分角度来看：

身：父母承担照顾孩子的责任，并给孩子提供稳定的生存环境。

在孩子婴幼儿时期，父母要辛苦一些，尽量自己带孩子。如果工作繁忙，也要坚持每天有固定陪伴孩子的时间。比如，就算妈妈回来再晚也陪孩子睡觉，哪怕他睡着了，但夜里醒来时能摸到妈妈、听到妈妈温柔的呼唤，甚至只是闻到妈妈的味道，也会让孩子感到很安心。尽量不要为了一时的轻松而把孩子推给老人或者其他照看者，让孩子对父母形成非安全型依恋。如果你的孩子已经上学了，错过了婴幼儿时期单纯对父母的依恋，也不要担心。现在开始，为孩子提供稳定的生存环境，父母至少有一方坚持高质量的陪伴，不要因为忙碌托给任何人，更不要像前文中小丁的父母那样，让小丁一直在更换照看者和生活环境的条件下成长。

心：满足孩子的情感需求。

无论孩子产生了什么情绪，即使你无法理解，也力求做到接纳，不要因为自己不认同而轻易否定他的感受。

经常给孩子一个爱的拥抱，倾听他的烦恼并给予理解的回应。当孩子把烦恼说给你听时，千万不要不以为意或者直接转移话题，而是尽量代入孩子的视角去理解他。

前文例子中的于海在辍学之前跟妈妈说："我在学校里一个朋友都没有，他们好像都不太欢迎我。"

妈妈说："中学学习这么紧张，和朋友玩又不能当饭吃，不欢迎你，那你还能节约时间学习。"

这就是典型的忽视孩子的情感

需求，只说自己认为重要的。

后来于海妈妈经过学习，当于海再次提起朋友的事情时，妈妈回应道："一个朋友都没有肯定很孤独，如果你觉得同学们都不欢迎你，那你多难过啊！"

还要接纳孩子表达情绪的方式。比如有些孩子喜欢用哭泣的方式表达悲伤，这时不要说别哭了，先让他哭一会儿，如果再能配合一个温暖的拥抱，那一定能令孩子感到极大的安慰。

育：对他的言行做到积极关注，赞赏他做得好的地方。

这种赞赏可以使孩子感觉到爸爸妈妈的欣赏，这有利于孩子获得安全感。同时，他也可以通过父母的赞赏确认哪些言行对建设亲密关系是有用的。

前文例子中，小丁爱哭闹。有一次，他因为妈妈拒绝带他去游乐园再次大哭大闹时，妈妈听到他在哭喊中说了几句话，于是运用在父母课堂上学过的知识，温柔地抱着他，说："妈妈知道你心情不好，你在这么难过的时候还能表达出自己的想法，说明你很努力地想跟妈妈沟通了。只是你哭着说的话妈妈没听清，等你不想哭的时候，妈妈认真听你说。"

妈妈的安抚让小丁平静下来，妈妈对他表达的赞赏让他知道，交流是比哭闹更好的沟通方式。

这种关注和赞许是为了和孩子重建良好的亲密关系，提高孩子的安全感。因此，父母一定要注意稳定性，不要心血来潮就夸奖两句，心情不好了就批评教训，也不要今天允许表达情感，明天就说"哭什么哭？有什么好哭的？"这种反复无常只会加重孩子的不安全感，对亲密关系更加回避。

你可以通过工作中的情形来理解孩子的感受。比如，单位三天两头发生变化，不是换领导就是要裁员，甚至改变经营方向，或者领导阴晴不定，员工每天上班就跟撞大运似的，你一定会因为不知道什么样的巨大变化什么时候会落到自己身上而缺乏安全感。

除此之外，你还可以满足孩子的一些其他需求。

如满足孩子一个小心愿，即使是他想买你觉得毫无用处的贴画；满足他偶尔品尝零食的渴望，哪怕你可能认为不够健康；允许并尊重他和伙伴间的交往，不要把自己的评价强加给孩子。

当孩子能持续感到情感被关注、言行被赞赏、方法被确认、需求被理解时，他心中那层不安全感的坚冰会慢慢消融，内心会悄悄地走近温暖的父母，获得建立亲密关系的经验。

这样的转变其实呼应了我在《家庭教育，真知道》这套书第一册《家庭仪式提升幸福力》中的内容，家庭教育的基本原则是用爱的态度陪伴、用接纳的心尊重、用合作的立场支持。这样的原则可以帮助孩子在亲密关系中发展出有安全感，能积极回应对方且不过度依赖的特点。在这种情况下长大的孩子，将在坚实稳定的家庭关系基础上建立起良好的成人间亲密关系。

帮孩子在同伴中实现友谊的亲密关系

当孩子走进学校，他在团体中的时间大大增加，和同学、老师的互动也越来越多。于是，孩子建立亲密关系的对象不再只是父母，还会逐渐增加同伴、老师等。个体在发展成熟的亲密关系进程中，少年期和前青年期起到了承上启下的作用。因此在这个阶段，孩子在对友谊的建设过程中既有既往经验的延续，又有对新关系的认识和期待。

可惜很多孩子并不具备人际交往的经验，他们可能会因为现实达不到自己的想象而失望，也可能因为不知道如何和同伴相处而畏惧。你要做的就是用他能理解的方法，帮助孩子明白一些简单的同伴交往的原则和方式。

有一年，开营第一天的成长课堂上，我就请孩子们分享对此次夏令营的期待，好多孩子都提到了想多交朋友。于是，我们围绕友谊展开了热烈的讨论。我用白纸剪出一个人的形状贴在墙上，请孩子们描述他们心目中好朋友的形象。

"友善！"

"热情！"

"积极主动！"

"爱帮助别人！"

"爱笑！"

"学习好，会唱歌！"

……

孩子们发言很踊跃。每一个观点出来，自告奋勇的"书记官"都会写在人形纸上，直到大家没有新的观点了我们才停下。此时大家一看，人形纸上写满了词语，不由得面面相觑，哈哈大笑起来。

等他们笑完了，我又拿出两张白纸贴在墙上，请他们每个人在左边的纸上写出最希望朋友具备的一个优点，同时在右边纸上写出拥有这个优点的孩子很可能出现的不足。

结果孩子们的思路令我非常惊讶！

友善的人可能会软弱；热情的人可能太聒噪；积极的人可能没心没肺；爱帮助别人的人可能缺乏边界感；爱笑的人有时会让人感觉到被嘲笑；学习好的人有点清高……

最后，孩子们自己得出了一个结论：金无足赤，人无完人。每一个人都不可能十全十美，喜爱对方的优点，也要接纳他的不足。

当孩子们明白了不要对朋友有过多的要求，他们就不会因为苛求朋友而难以满意，也不会由于不合理的希望而对友谊产生失望。

在那天成长课堂的最后，我用十分钟的时间，给孩子们讲了三个交朋友的方法。

第一，要真诚。精诚所至，金石为开。真诚是任何人际关系中最有力的工具，它能突破坚硬的防御，打动人心。

第二，要勇于表达。最默契的朋友是思想上能产生高度的共鸣，但别人又不知道你都想些什么，所以你不表达怎么能交流呢？只有勇于表达，才能在不断交换见解中逐步合拍，成为"交心"的密友。

第三，要不吝赞美。赞美朋友传递出的是你对他的积极关注，以及对他的认可。谁不愿意和欣赏自己的人成为朋友呢？能够不吝赞美他人的人也是心态阳光、充满自信的人，具有大家都喜爱的人格魅力，自然受到朋友的欢迎。

当孩子能用客观平和的心态看待朋友，又能使用一些有效的方法和朋友相处，就一定能收获友谊，也能探索出一条发展密友的道路。

用良好的亲密关系为爱情婚姻提供保障

在我的父母成长课堂中，有一节讨论婚恋观的课。曾有学员直言不讳地对我说："曼云老师，你说的这些对我家娃来说还太早了，现阶段还是学习最重要。"

殊不知，一个人的生命过程中，每个阶段都在与人互动，每一段都有着不同的重要的人。儿童时期以父母为主，青少年时期朋友很重要，而成人后至漫长的一生中，自己的核心家庭成员将陪伴他最长久的生命时光。

父母能够实施家庭教育的时间其实非常有限，满打满算也就十八年。"父母之爱子，则为之计深远。"家庭教育并不是只解决当前的问题，而是要有超越当下的视角，把孩子的成长需求放在他一生中去考虑，把家庭当作孩子学习社会化最好的环境。通过家庭教育，帮助孩子具备在社会中多元互动的能力，使他将来能够在婚恋中拥有良好的亲密关系，为幸福的婚姻提供保障。

在青年初期，孩子的身体快速发育，生理上接近成熟；心理上，他们开始关注异性朋友，对恋爱有懵懂的憧憬；思想上，他们用尚且稚嫩的价值观去思考自己的人生伴侣、未来的婚姻生活。这是一个美好又迷茫的阶段，有些想法被约束、无人倾诉而压抑在心底；有些想做的事不被现实环境容许而得不到实践。

在很多父母眼中，上大学是一个分界线。上大学之前，和学习无关的事情全都不要想，更不能做，而上大学之后就可以做任何成人能做的事情。但是，孩子的能力并没有水龙头一样的开关，不是到了18岁，和异性相处的能力、恋爱的能力、对婚姻的规划能力等一拧开关就流出来。

和伴侣相处是一种能力，它是两个来自不同家庭的个体，通过一种美好的情感组建成亲密关系的能力。它伴随着丰富的情感而来时就能得到最自然的锻炼。如果遇到情感到来时用压抑去处理，这类情感会因为得不到积极的确认而变得陌生。当它转个身，等到符合年龄标准再来到时，过去的经验首先会让孩子因否认而回避它，或者因难以确认自己的心意而犹豫不决。再加上很多现实的条件影响，这份情感可能会变得索然无味。

的确，婚恋是成年以后的事情。但感受爱、表达爱、付出爱则是一项能力，这种能力不是凭空而来，而是需要学习、练习，等到派上用场时才能很好地运用它。

早恋，几乎是让中学生的父母在脑海中拉响一级警报的词。

其实，面对早恋，你可以用更为客观平和的态度来看待它。

英语里没有"早恋"这个词，语义比较接近的词是"Puppy love"，指的是青少年不成熟、朦胧的感情。孩子成长到相应阶段，必然会对异性产生好奇，早恋就像第二性征的发育一样，是孩子正常成长的产物。

孩子们的恋情萌芽往往很单纯，一段情愫的产生可能只是因为这个女同学字写得好看，那个男同学打球打得好，同桌学习成绩好，班长说话的声音好听……

你仔细琢磨这些理由，就不难发现孩子们会对另一个人心生恋慕，最初可能只是出于对美好的向往。追寻美好这件事本身是无须诟病的，父母需要的是在孩子的恋心开始萌芽时，给予他们健康、正向的引导，带领他们正确地认识一段美好的感情。

那么，父母具体该如何做呢？

首先，要接纳孩子爱的萌芽。努力成为他可以分享心动瞬间的朋友，让他知道父母认同这份美好的情感。他也许不会付诸行动，但他因为有了交流而不感到被压抑。

一发现孩子早恋就"赶尽杀绝"的行为最不可取，很有可能会引发孩子的叛逆心理。

有一个心理学概念叫作"罗密欧与朱丽叶效应"，这种现象一般高发于青少年群体，指的是当出现干扰恋爱双方爱情关系的外在力量时，这种情感反而会加强，恋爱关系也因此更加牢固。换句话说，父母越是干涉打压，孩子们就越投入沉迷，你的反对非但不会起作用，反而还可能会造成不良后果。因此，先接纳孩子的情感是最为明智的举措。

其次，和孩子一起探索他的婚恋观。比如他是为何而倾慕对方？他未来希望和什么样的人共同生活？他希望建设一个什么样的家庭？他的这些想法受到谁或者什么文艺作品的影响？这将是一次前所未有的深入交流，在这种互动中，你可以传递你对恋爱婚姻的价值观，也可以了解孩子对未来的憧憬。

最后，跟孩子讨论如何建设成年后最重要的亲密关系。比如甜蜜是爱情的主色调，但也会伴随着患得患失；两性关系中，最重要的是平等、尊重、责任、信任、忠诚；婚姻不仅是两个人的事情，更是两个家庭的联姻，爱上一个人也要包容理解他的家庭；任何一种爱都不是枷锁，不要试图绑架对方成为自己的附庸，两个独立自主的个体才能像铁轨一样相知相伴、无限延伸……

其实关于婚恋观，没有任何人能给出一个标准的答案，因为它还涉及一个家庭的文化传承。有多少个人，可能就有多少种婚恋观。你只需要在尊重孩子的基础上，把你自己的或者他人成功的经验跟孩子分享就可以了。最重要的是，孩子愿意和你分享他成长中的迷茫，你也能不错过孩子青春期的教育良机，恰到好处地帮助他了解如何建设他人生下一阶段中即将到来的，最长久、最重要的亲密关系。

欣大侠的小故事

欣欣出生之后，我母亲来帮助我带孩子，家里也请了一位帮忙的阿姨，但我一直坚持亲自带孩子。在前几个月里，欣欣吃奶、洗澡、换尿布、穿衣服……我都没有假手他人。等到我休完产假回归了工作岗位，由于工作原因我需要经常出差，但在女儿1岁之前，我会尽可能地避免出差。如果实在要出差，当晚不管多晚，我一定都会赶回来，陪她睡觉。

欣欣在婴幼儿时期，和爸爸、妈妈、姥姥都建立了非常稳定而有爱的亲密关系，于是她从小就比较有安全感。上小学后，她很快交到几个好朋友，这份友谊一直维持到中学，现在她们还不定时地交流。

当她的需要被充分满足后，她的焦虑水平就较低，不过度依赖父母，有独立完成事情的能力。这为她上学后的自主学习和自主安排时间打下了比较好的基础。

欣欣稍微大一点后，我也并不会避讳和她讨论婚姻、爱情的话题。但是在不同年龄阶段，我和她讨论的侧重点不同。

比如欣欣小学时完成初读《红楼梦》的作业。

我问她："书里有很多人物，你最喜欢谁啊？"

欣欣的回答有些出乎我意料："我最喜欢薛宝钗，因为她性格好。"

我好奇她为什么不喜欢林黛玉。

欣欣说："黛玉想得太多，和这样的人一起玩太累。而且她总是哭，如果跟她做朋友，劝解的话都不知道怎么说。"

我又问她："那你知道贾母为什么不让贾宝玉和林黛玉结婚吗？"

欣欣表现出一副理所当然的样子，说："因为林黛玉身体不好呗。封建社会中男女极不平等，女性主要打理家务，这工作可不轻松，尤其是他们这样的大家族。看王熙凤每天忙得团团转就知道，没有一副好身体肯定做不了这份工作。"

虽然欣欣把管理家庭说成工作有点好笑，但也令我耳目一新。

欣欣刚上初中时，我们一起朗读徐志摩的《再别康桥》。

欣欣突然说："林徽因如果和徐志摩结婚也不会幸福的。"

"为什么？"我不由得跟上她跳跃的思路。

"因为他们俩属于精神伴侣。"

我在惊讶之余，也知道这时我可以围绕"灵魂伴侣"这个概念展开，和欣欣进行一些更深入的有关亲密关系的讨论了。

☆ 我想与您分享

亲密关系有一种"魔力"。一个孩子和父母的亲密关系，几乎能映射出未来他和老师的关系、朋友的关系，以及他成年后伴侣甚至孩子的关系，因为每一个阶段的成功经验，都会成为他迈向下一个阶段的阶梯。这其中，父母和孩子的亲子关系最为重要，我在陪伴欣欣长大的过程中，也最为重视这一点。

身：在欣欣婴幼儿时期，我尽力做到和她相对紧密地相处，减少分离，对她的每一个新本领大声赞美，使她和我的关系倾向为安全型依恋。

她长大后，不可避免地接触到文学作品中有关家庭情感的描写时，我会倾听她对关系的理解和解读。

在她进入青春期，能从一首喜爱的诗而延展至对诗人生活的关注，开始有些对爱情婚姻幼稚的见解时，我也会根据她关注的点延展出相应的话题。

心：也许在欣欣小时候，我因为付出的劳动多而有些身体上的辛苦，但我的心中却感受到在这份亲密关系中作为妈妈的幸福。当她在冲我笑、冲我撒娇，在任何时候对我全然地信赖，随时跟我分享她的喜怒哀乐时，我都感觉到无比幸运和幸福。

育：在亲密关系方面，我觉得自己最成功的教育是和她成为彼此信任的朋友。其次，我接纳她在任何时候对任何关系产生的好奇，而且只要她愿意，我都乐意倾听她的所思所想，也分享我的经验和观点。最后，是在信任的基础上，鼓励她去体验和同伴的亲密关系。

第八章

职业生涯规划，放宽眼界去衡量

曼云会客厅 <<

我女儿菲菲今年大二，这段时间她闹着要休学，已经有两周没去学校了。她从小到大认认真真学习，一路顺风顺水，由于高考成绩不错，上了一所985大学。她的专业是会计，是我帮她选的。菲菲一开始也同意我的安排，没想到这刚上了一年，她就跟我们说要转专业。

我一听，头都大了。先不说转专业能不能成功，就说她学都上了一年了，不能平白浪费掉，再从大一开始上吧？

可菲菲说，会计要学的东西都太枯燥，她看那些数字时的感觉就像孙悟空被念紧箍咒，期末考试还差点挂科。她觉得自己实在没这方面的天赋，学不下去了。

我没同意，学习知识哪有不枯燥的？咬咬牙，坚持一下不就好了！况且，会计这专业挺好的，永远不愁找工作。未来再考个注册会计师证，收入上就有了保障。我自己就干了这么多年会计，太了解这个职业的价值了。

可菲菲说，再好她也不喜欢，她从小就喜欢动物，想学动物学。

这哪儿成啊！这专业学完之后能干什么？当动物管理员吗？

在这个问题上，我们俩好几次都不欢而散。有一次我生气了，说如果她执意转，自己转去，而且我也不再付学费和生活费了，没想到菲菲直接不上学了！

我这都是为她好，不能眼看着她将来找不到工作时再后悔，可是又说服不了女儿，现在我们俩都很坚决，陷入了僵局。

——来自菲菲妈妈的分享

☀ 点对点，真知道

○**身**：菲菲学了一个妈妈觉得好的专业，但她对所学习的内容都不太擅长，一学年下来，她付出了努力，却收效甚微。

○**心**：菲菲对刚学了一年的专业没有任何兴趣，最开始是盲目顺从，大二时开始觉醒，而且她明确知道自己想学什么。妈妈对自己的选择深信不疑，为女儿不能按照既定规划进行而焦虑。

○**育**：陷入僵局的原因是针对一个人的事情，菲菲和妈妈却有两个坚定不移的方案且互不退让。

和我交流过后，菲菲妈妈意识到女儿已经是一个成年人，不能把自己的意志强加在孩子身上。而且，事实上是，即便妈妈使用一些手段胁迫，也无法使菲菲妥协。既然如此，不如试试放手，把选择和善后的责任都交还给菲菲。我很认同菲菲妈妈的这个决定，并建议一家人首先针对菲菲的职业生涯规划开一次家庭会议，请菲菲对自己的个性特点、兴趣爱好、职业梦想、社会职场现状等做评估。在会议中，菲菲作为主角发言，爸爸妈妈时刻提醒自己作为支持者，对于菲菲的表达，可以提问、建议，但不要强迫菲菲全然听从。

这次目标明确、过程客观、氛围平等的家庭会议，让菲菲感觉到了父母态度的变化，但也让她感到要真正为自己的选择负责，责任感油然而生。菲菲开始认真思考动物学的后续专业发展和毕业后的就业前景。最后，菲菲决定先回学校继续学习，一边咨询着转专业的事情，一边找些和动物相关的实习工作。这样既不会耽误当前的学业，也让她确认自己是否真的有能力从事动物学这方面的工作。

是什么

📖 职业生涯规划

不知道你有没有和孩子讨论过类似的问题：你长大以后想做什么工作？

如果有的话，那么恭喜你，说明你已经为孩子播下了职业生涯规划的种子。根据中国职业规划师协会的定义，职业规划是对职业生涯乃至人生进行持续的系统的计划的过程。

广义上可以把职业生涯理解为一个人的人生经历、生活、职业、事业等。在人的一生中，成年期时间最长，状态最好，积累最多，也是职业经历最为丰富的时期。因此，职业生涯是人一生中最重要的历程，对人生价值起着决定性作用，在一个人的生涯中占据了比较核心的位置。

具体来说，职业生涯规划就是以一个人的职业、生活、生存为目标，结合个体的生理、心理、兴趣、能力、专长等内部系统和时代特点、职业、岗位等外部系统，对自己的职业和人生进行综合测评、分析、开发、发展的过程。

📖 未成年人职业发展理论

美国特拉华大学教育心理学教授琳达·戈特弗雷德森从性别类型、社会声望和工作领域三个维度，对未成年人的职业抱负发展进行了研究，提出了关于职业发展的自我创造、限制与妥协理论。琳达认为，未成年人的职业探索是一个自我创造的过程。她把职业探索分为四个发展阶段。

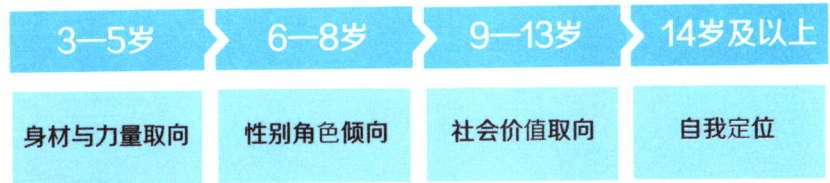

第一阶段：身材与力量取向（3—5岁）

幼儿园阶段的孩子开始用最简单的方式对人进行分类：大而强的和小而弱的。他们也开始认识到职业是长大以后的角色，不再会说他们长大后想成为动物或幻想中的角色。

第二阶段：性别角色倾向（6—8岁）

在这个阶段，孩子可以通过最显著的特点对人和工作做出区分，最具体的、可见的属性就是性别。他们对未来职业的想象和自己的性别相关。比如男孩更倾向当警察、军人；女生想做老师、护士。

第三阶段：社会价值取向（9—13岁）

这个阶段，孩子已经能够意识到社会地位的差异。比如，哪些职业在社会阶梯上较高，哪些职业具备较强的个人特质（尤其是学术能力），以及在他们的社交圈中成功的最低门槛是什么。他们对未来职业的规划会建立在自我认识上，排除对自己来说威望太低的和高到遥不可及的职业。

第四阶段：自我定位（14岁及以上）

这个阶段的孩子已经能更好地确定自己的兴趣、价值观和目标，他们会探索哪一个工作领域最适合自己的兴趣和能力，对于跟自己完全不相称的工作领域会直接拒绝。

通过这个研究可以看到，跟职业生涯相关的理解、探索从幼儿园就开始了，并且随着孩子的成长，每个阶段都具有较鲜明的特点。由此可知，每个孩子都有一个属于自己的关于工作、专业、职业、能力的理解地图。

为什么

有助于培养健康的自我意识

很多父母有疑问，职业生涯规划不是成人以后的事情吗？为什么要放在家庭教育中来谈呢？的确，像"职业教育"或"生涯规划"这样的词语，经常会和成人的职业指导混为一谈。其实，这是家庭教育中一个重要的模块，也是孩子成长路上不可或缺的动力源。

有研究者说过，忽视儿童时期的职业发展过程，就像园丁忽视花园的土壤质量一样；反之，关注儿童青少年的职业教育，可以对儿童的发展和职业认知带来持久的影响。父母要帮助孩子培养健康的自我意识，使孩子充分发挥潜能。

伦敦大学教育学院、英国全国校长协会等机构合作过一项研究，针对20万名国际学生开展调研，并发布了一项名为《绘制未来》的报告。报告中指出：在小学阶段开始职业生涯教育很重要，包括让孩子探索角色、了解职业，并建立积极的自我形象。研究证明，让儿童接触工作环境，对他们的抱负、动力和信心都有重大的影响。

为社会化做必要的准备

职业生涯规划是把人生作为一个整体去看待，有过去，有现在，也有未来。这三个部分相互关联，过去的所作所为有价值；现在的任务有目标；未来的事业、生活和人生充满希望。有规划的孩子可以将三者之间联系起来，层层递进。

佳佳今年大三，身边的同学都开始忙了起来。想要考研的，开始找资料找导师；想要工作的，也开始找实习单位，研究校招。寝室六个人，唯有佳佳什么想法都没有。看着身边的人似乎都有了自己的目标，只有自己还浑浑噩噩的，佳佳日渐焦急起来。

放假回家的时候，她把自己的烦恼告诉了妈妈。

"你可是名牌大学的大学生，成绩也挺好的，以后怎么会没有工作？放我们年轻那会儿，大学生可是每个单位都抢着要的。就算你没我们那时的条件，以后总不至于连个工作都找不到吧？"妈妈没把女儿的烦恼放在心上。

"妈，时代早就变了，现在大学生找不到工作的遍地都是！"佳佳烦躁地说道。

妈妈说："实在不行，你去考公务员啊。"

"我不想当公务员，我觉得那种工作太乏味了。"佳佳的表哥就是公务员，那种一眼望得到头的工作实在不是佳佳想做的。

"那你去考研呢？"妈妈继续问。

"唉，我不是搞科研的那块料，没什么想研究的东西。"佳佳还是拒绝。

妈妈不高兴了，"这也不行，那也不去，你倒是说说，你以后想做什么啊？"

佳佳被问住了。

她也不知道自己想做什么。现在学的经济专业是爸妈帮她选的，她不喜欢，也不讨厌，但通过这几年的学习，她知道自己对经济既不喜欢，又不擅长。

除了妈妈的教师职业和爸爸的警察职业，其他的职业，佳佳之前从没关心过。

自己这么多年专心读书，也没什么兴趣爱好，更别提特长了。再加上她性格内向，不像其他同学那么能说会道，就连当主播直播带货都未必能做好。

这么一想，佳佳更绝望了。

难不成自己什么都做不了？

佳佳脑海中乱成一片，耳边还传来妈妈的絮叨声，她忍不住跑回房间，抱住了头。

你的身边是否也有这种虽然成绩不错却对未来迷茫的孩子？

许多孩子因为在成年之前对此毫无意识，也就谈不上规划，因此成年以后可能依旧对职场、社会毫无概念。有些孩子可能大学毕业就面临着失业，茫然之际，靠着继续求学不让自己成为待业青年。继续求学的路如果不顺畅，就会影响他们的自我评价，甚至是心理健康。有些人对考硕士博士简直成了一种执念，单纯地为自己的学生时代延期。

因此，在学生时代做好职业生涯规划，可以让一个人在走向职场之前，做出充分的铺垫和准备，以便更为顺利地明确定位、找到目标、立足社会，是一个人社会化最直接且重要的内容。

怎么办

📖 生涯规划要符合职业发展的阶段特点

琳达提出的职业发展理论认为，当代儿童一出生，就处在一个可以观察和探索的、预先已经存在职业的世界中。随着他们的成长，每个职业探索阶段都会有匹配的方式。

第一阶段：身材与力量取向（3—5岁）

这个阶段的孩子眼中，他们认为强大的、有力量的职业是好职业。

比如，我女儿在幼儿园阶段想做高速路收费员。因为我们经常开车出游，到了收费站，她看到正在行驶的汽车突然停下来，收费员身穿制服，收发卡、收钱，然后吱啦吱啦地打出发票，最后手一挥，前方的挡车杆唰地抬起来，车子才能通过。于是，在幼小的欣欣心里，她感觉这真是一个又神气又很有权力的职业。

这个年龄段的孩子正在从童话世界往现实过渡，对职业带有好奇的探究。当孩子把自己跟某些职业关联时，父母千万不要用成人的价值观来评价这些职业或轻视孩子的构想，免得打击到他探索的热情。

这时反而是一个讨论职业的好机会，你可以让孩子说出他对这个职业的兴趣点，理解吸引他的是什么；再根据孩子本阶段的特点，认可他对外形和力量的观察。

在这个阶段，父母要用接纳和鼓励的态度帮助孩子开启职业生涯的探索。

第二阶段：性别角色倾向（6—8岁）

这个阶段的孩子会通过自己的性别来进行职业探索。这时，同性别的成人对他们影响较大。研究表明，孩子渴望的工作可能跟他的父母、父母的朋友，或者他在电视及社交媒体上看到的某个人所从事的职业有关。

比如在我女儿一、二年级时，我作为他们班级的家委会成员，有机会在他们班级外出活动时做家长志愿者，也组织全班家庭一起做过亲子活动。几次以后，他们班有一个女同学跟我女儿说，她长大了也要做我这样的工作，当一名"知心姐姐"。

2015年10月，我国著名药学家屠呦呦获得了诺贝尔生理学或医学奖，成为首位获得诺贝尔科学奖项的中国本土科学家。那一段时间，我们在家对此讨论得比较多，没想到不到6岁的女儿很感兴趣，围绕着医学、药学、疟疾、诺贝尔奖提了很多问题。在随后的一两年内，我发现，她对女性诺贝尔奖获得者格外关注。

当孩子在小学低年级时，你可以有意识地谈论起他喜爱的人所从事的职业，也可以分享古今中外有一定影响力的人物的主要成就，谈论的对象以和孩子同性别的人为主。

在这个阶段，父母可以借助图书和网络等，尽可能地扩大孩子对职业的认识范围。

第三阶段：社会价值取向（9—13岁）

当孩子到了小学中高年级，你会发现他对职业的想象逐渐从之前的异想天开转换到务实。他会用自己不成熟的价值观去判断社会中的各种职业，并有选择地关注那些自己较有可能实现的。同时，他们会开始尝试朝着自己的目标去努力。

比如我女儿在小学中高年级时，已经放弃了曾经想做高速路收费员的梦想，也不再想得诺贝尔奖。她因为很喜欢阅读，对写作产生了深厚的兴趣，有一些写得不错的文章发表在了《中国少年报》《北京少年报》《知心姐姐》杂志等媒体上。这些小小的认可让她对作家这个职业更加有信心。

孩子此时的认知还不能客观地对职业做出判断。有纵向研究表明，对职业过于偏颇的假设和狭隘的抱负会影响孩子在学习科目上的选择和学业上的努力，以及最终追求的工作。

在这个阶段，父母可以提供机会让孩子接触、了解较多的职业。同时要注意尽量客观地和孩子一起解读每一类职业，不要贬低某些职业，也无须夸大某类职业的优势。

当孩子探索出一类他感兴趣的职业方向时，可以通过帮助他找资料，提供观摩、体验的机会等方式，深化他对这个职业的理解。在这个过程中，你可能会发现，这个年龄的孩子已经可以为未来的职业做一些粗浅的准备。

第四阶段：自我定位（14岁及以上）

从初中直到成年，孩子的思想逐渐成熟，他对自己的兴趣、自我认识、社会定位等都开始进行较系统的思考。

在这个阶段，父母要做的就是，千万不要因为孩子学业繁忙而忽视孩子的生涯规划，可以和孩子探讨他自己的优势和兴趣、长板和短板、性格和能力等。

在这个基础上，再对至少十年后的职业进行分析。因为现代科技进步很快，科技不仅改变了生活，也改变了职业结构，如果无视时代的发展，很可能当年看好的职业在未来已经不存在了。关注社会发展，即使无法预测未来，至少给孩子提供了一个动态的、前瞻性的视角。

父母还需注重激励孩子，给他自信。这应以提高职业和生活技能、财务意识、社会参与度为目的。

同时，帮助孩子把未来的职业方向和当下的学习、生活相关联，帮助孩子开始对生涯做整体规划，这能为孩子提供非常好的动力，提高他的积极性。

做好生涯规划需要系统的探索

关于儿童职业发展的研究，为孩子的生涯规划提供了一个符合他们认知发展的框架。在具体规划之前，引导孩子对自己、职业和社会进行探究是非常有必要的。

探索自我

对于人生的职业规划来说，并没有一个绝对优劣的标准；这世上也不存在一份完美的职业模板。但是对于每一个人来说，做好生涯规划和职业选择，则可以让他最大限度地展其所长，实现个人价值。这个"好"是指适合，如果不适合，再热门的工作也会消磨孩子的职业热情，也会让孩子因难以获得成就而丧失信心。

辛巴今年27岁，在一家投资公司工作了五年，当前处在职业迷茫期。

他从小喜欢动漫，不仅给自己起了个跟某个动画片有关的"艺名"，还喜爱上了画动漫人物。他对画画特别用心，即便没有专门找老师学习过，他也画得很好。开始他只是单纯模仿，到了中学就变成了创作。他画的一个个形象栩栩如生，得到同学们的一致推崇，他成为全校闻名的"画家"。高中学业紧张时，爸爸妈妈要求他先放下没用的，专注备考。

大学选专业时，金融专业大热。在爸爸妈妈坚定的要求下，辛巴在大学读了国际金融专业，并在毕业后成为一名证券公司的员工。

刚开始，辛巴虽然很想选择电影、电视、画画、设计等和动漫相关的专业，但又觉得父母说得有道理，担心未来不好就业，而金融专业的学生一毕业就能拿到不低的工资，于是就顺应了父母的提议。

但自从上了大学，辛巴就发现他对那些经济学、财政学、贸易学等根本都不敏感，花的时间比同学多，成绩还比别人差。他难免有些沮丧，后来干脆放弃追求高分数，能毕业就不错了。

毕业后，辛巴的确找到了一份看起来比较体面的工作，每天西装革履出入城市最繁华的金融中心，工资也不错。但很快，他发现自己并不喜欢这个工作，也不能在项目中提出建设性的观点。在这个公司的几年间，他业绩平平，无功无过。而和他同时进公司的同学已经升职加薪，做得风生水起了。

近两年，辛巴每天来上班时就想着下班；工作中碰到一点点不熟悉的内容就想逃避；别人抢着要大项目，他却避之不及……

辛巴如果放弃这份看起来很好的工作的确可惜；可他深知，继续这样下去也不会有什么大的进展；偶尔看到自己中学时画的动漫，他又想去做动漫，但他明白，自己不是科班出身，又放下了这么多年，对这个行业也完全陌生，没有任何优势。辛巴思虑再三，只觉前路一片迷茫。

相信如辛巴这样把当前的工作当鸡肋的大有人在。其实所谓的好工作，不是盲目追随社会的潮流，而是要适合自己的特点。要想找到适合自己的工作，自我认知就很重要。

你可以帮助孩子从"身、心、育"三分视角来认识自己。

身：评估孩子身体方面的特点。比如，有些特殊行业对身高、体重、视力、体能都有要求；有些行业对外形和年龄有要求；有些对先天的嗓音条件、身体灵活性有要求等。如果选择和自身条件相差较大的职业，那就要做好更加努力或者有可能不成功的准备。

心：评估孩子的心理特征。孩子是偏内向还是更外向？是更热衷表达还是更擅长思考？抗挫折能力、抗压能力如何？自信程度如何？心态通常比较积极还是偏平稳？是胆大心细还是小心谨慎？是喜欢挑战还是善于守成？他在哪些方面更容易获得成就感？

这些特征没有好坏之分，都有相对适合的职业。比如，热爱表达的可以从事需要交流表现的行业；擅长思考的可以选择研究性行业；胆大心细者就有条件做外科医生等工作；小心谨慎者适合财务等工作……

重视孩子的兴趣爱好。生涯规划不是仅仅把职业当作一份获得收入的工作，而是人获得社会认同感、提升自我价值感的重要场所。热爱就是在工作中追求成就的内驱力，如果没有内心的渴望和主动追求，工作中的枯燥和辛苦则会被放大，人很容易放弃。从事热爱的职业，往往更容易取得较高成就。因此，选择专业时，热爱比热门重要。

对自己心理状态的探索，可以使人和职业的匹配度更高，体验到工作中的幸福。

肖：选择职业应扬长避短。 通过对身、心的探索，你会看到每个孩子都有异于他人的特点，有些是特长。比如，有些孩子天生具有艺术细胞，有些人记忆力超群，有些人逻辑思维能力很强，有些人感受力过人，还有人在某些方面天赋异禀。

也有些是"特短"。比如，有些孩子运动能力较差，有些孩子理解能力不够，有些孩子缺少艺术性，也有些孩子表达能力欠缺等。在求学期间，为了达到检验标准，需要在学科学习上进行补短教育。而在生涯规划时，扬长比补短更具智慧。因为现代科学已经证明，每个人的性格、能力、专长、兴趣，以及短板等，不仅仅跟外部的训练有关系，更跟大脑当中的结构有关，而受大脑结构影响的这部分是非常难以改变的。

与其事倍功半地做大量用到自己短板的工作，不如选择能发挥自己所长，使长处得到充分开发的工作。

总之，在做生涯规划时，要让孩子时刻保持对自我的认识和探索。引导孩子选择和其特点、兴趣、长处相匹配的职业方向，能使他上手快、专注度高、易有成就、更自信。

探索职业

很多成人对让孩子认识职业有一个误解，认为职业都是显而易见的，孩子还能不知道吗？我在近二十年跟孩子的交流过程中，发现大部分孩子对职业的认识是非常狭窄的，有些甚至不知道自己父母是从事什么工作的。

2021年冬天，我在给北京一所中学初三年级的学生做讲座时，提了一个关于他们父母职业的问题。结果，能准确回答出来的学生不足一半，能详细对职业进行描述的基本没有。由此可见，孩子对职业的探索可以先从家庭内部着手，尝试了解亲朋好友的职业。

一个家庭中，所有成员都有平等的知情权。孩子了解父母的工作，就像父母关注孩子的学业一样，是彼此可以参与、获得深度理解的途径。重视孩子对你职业的好奇，认真地回答和解释。我为你准备了一个"T.E.S.生涯发展探索表"，表里有关于职业的简单结构。你可以找一个时间，带领孩子一起完成这张表，还可以邀请孩子熟悉的亲朋好友一起参与。

欲戴王冠，必承其重。任何一个职业都有其高光时刻，也有其至暗瞬间。在填表过程中，父母尽量客观地告知孩子工作的魅力，也无须隐瞒工作中所需要面对的压力。只有公正客观地陈述工作中可能出现的各种情况，才能帮助孩子理解这种职业。

序号	姓名	职业背景	高光时刻	至暗时刻	探讨结果
1					
2					
3					

"T.E.S."生涯发展探索表

探索社会

选择职业，是建立在社会为个体提供的具体岗位基础上的。因此，做生涯规划，光了解自己远远不够，还有必要从更为宏观的角度对社会进行探索。

横向探索

当今，人类文明、科学的发展达到了前所未有的速度与高度。各行各业的全球化程度也越来越高，行业的分配也随着国家、区域的经济、文化、历史等特点自然倾斜。比如随着经济的高速发展，我国高科技产业、加工业、农业等行业在近几十年都发生了巨大的变化。同时，各行业在世界不同国家和地区的职业占比也有显著差异，那么所能提供的岗位种类和数量自然也有差别。

因此，对社会的探索不能只看到自己眼前的一亩三分地，而应放眼更广阔的地方，去了解更大范围内的职业布局。

要做横向的探索，你可以带着孩子先分门别类地找一些国家或者地区，了解那里的职业分配。

首先，你可以依据地域划分。比如在除南极洲外的几大洲里各挑选几个具有代表性的国家，或者在南北半球各选择一些国家，也可以在中国的不同省份中开展一些调研。

还可以根据政治形态区分。比如社会主义国家、资本主义国家以及其他形态的国家，各选择几个具有代表性的。

选定了国家或地区以后，再了解当地的职业分布情况，比如最热门的是哪些，不同职业的社会地位、经济收入以及对学术水平的要求等。最简单的了解方法，就是通过查看相关数据来进行深入调研，如国际上有一些大型的市场调研公司、企业咨询公司、资讯调查公司等，它们每年都会发布有关职业的数据。当然，如果你能够邀请对这些国家或者地区比较熟悉的朋友和孩子一起聊一聊，那就更好了，有问有答的沟通会让孩子了解得更深入。

在这个探索过程中，你完全可以把它当作一次非常好的亲子交流。交流过后，孩子可能不仅了解了不同地区的职业，还收获了地理知识，对全世界有一个概括性的了解。

纵向探索

社会发展的巨轮滚滚向前，未来的格局是难以预料的。要想不被时代的列车甩下来，你需要帮助孩子学会思索职业在不同时代的变化。在过去几十年间，很多职业已经消亡或者锐减。

比如送奶工已经很少了。记得我小时候，喝的牛奶是由一位送奶工人清晨骑着自行车送来的，他后座两侧卡着两个大铁皮桶，到了门口一摇铃铛，我就端着奶锅出来。工人拿着一个勺体和勺把呈直角的勺，伸到桶里打出满满一勺牛奶倒进我的奶锅里。跟现在加工过的牛奶相比，小时候喝到的牛奶味道更浓，有一股强烈的奶腥味。

借书店在城市中也很难见到了。在我中学时代，图书市场尚不发达，购买途径比较单一。于是，学校附近的借书店成了我们读书的乐园。

就连报纸相关行业，和十几年以前比，也发生了巨变。在我青年时代，人们每天都从报刊亭购买报纸，除了新闻，还能了解求职、演出、商品、培训信息，包括每周电视节目也都是通过电视报了解的。而如今，关联着一个城市千家万户琐碎生活的早晚报，正逐渐退出人们的生活。

世界很大，纵向的探索依然要先选择国家和地区，再了解当地的职业情况。

首先，可以按照时间划分。比如探索18世纪、19世纪、20世纪、21世纪的职业特点。

其次，可以根据经济发展水平划分。在发达国家、发展中国家各选择一些，看看发展中国家的现状和发达国家的过去有什么异同。

同样，在确定了区域以后，你需要带着孩子通过查阅资料、采访不同年龄的职场人士等方式来进行比对分析。在这个过程中，你同时可以做一些横向对比，如同时期不同国家和地区的职业相比较有什么不同。

这种探索过后，你也会发现，孩子可能除职业之外还收获了历史知识。

无论是横向还是纵向，都是给孩子在探索的过程中提供一个思路。做好生涯规划，是对孩子一生持续的计划。只有从宏观出发，把格局放大，能纵观过去和未来，才更能预料在孩子走出校门时，社会需要什么样的人才，从而让孩子顺应发展，不被变化打得措手不及。

系统地探索自我和社会，可以让孩子避免在规划生涯时，因为只追随潮流无视自身特点、只盯着眼下不放眼未来而制订出不适合的计划，面临因为变动或不适应出现全盘打乱的窘境。

规划未来要从当下做起

人的理想和志向决定了人生的终点会落在哪里，而生涯规划则决定了你走哪条路，以及人生路上看到什么样的风景。许多家长不希望"孩子输在人生的起跑线上"，其实从出生那一刻起，生命就已经开始永不停歇地奔跑了。生涯规划和职业有关，更和人的能力相关，而能力的培养从幼小时期就开始了。

提升生活技能

法国作家、社会活动家、导演席里尔·迪翁执导的纪录片《人类的明天》，获得了2016年法国电影最高荣誉凯撒奖。影片中有一个片段，记录了芬兰一所小学的学校生活。这是位于芬兰首都赫尔辛基郊区的一所社区小学。学生学习的内容有数学、芬兰语、历史，这些都不令人感到意外。令人感到意外的是他们同时也学织毛衣，缝纫，做衣服，使用木材、金属、皮革制作物品，整理，清洁，做饭，画水彩，画油画，弹奏乐器……

这所学校的校长说："我们为学生们开设这些科目的总体理念，是让他们自己去实践，最后他们会意识到自己到底是适合做手工还是做理论。但不管做什么，他们在离开学校和家庭之后，生活都能自理。"总体来说，从这所学校毕业的学生，未来有50%的学生选择上大学，剩下50%的学生选择学习手艺、技术。校长认为，这两种方向都很重要，他说："社会需要所有的职业！"

这位校长说出了一个事实，即所有的职业都需要有人去完成。在任何一个适合自己的职业中，都能实现自我价值。我国的很多学校也开设了劳动技能选修课，鼓励孩子多选择、多参与。

在家庭中，父母也要重视开展与生活相关的实践和活动，帮孩子提高生活能力的同时，也能使孩子在动手操作中探索、发现自己的兴趣方向。不要小看家务劳动，孩子能从中培养秩序感、责任感，并收获成就感。

开展职业体验

当一个孩子完成学业、信心满满地走进职场，常常会发现情况和自己之前的设想不太一样。这时再去调整，所需要付出的时间成本和难度都不小。因此，经常给孩子提供一些参与式的职业体验机会，能更好地帮助孩子增加对职业的理解。关于孩子的职业体验，现在有比较成熟的方法可以借鉴。

企业见习日。有一些公司会定期有组织地对学校开放。在这一天，孩子可以到企业里去做一天实习生，企业会根据孩子的情况安排一些实习工作。这样，孩子可以在实际的工作环境中，去观察、了解一个职业到底是做什么，也会真切地体验到职场中的规则、要求，以及如何沟通、执行等。

有一些制造业企业，有专门供外部人员参观的流水线制作车间，有的食品企业还提供了食品从制作到成品产出的全流程参观，参观人员可以现场品尝到新鲜出炉的食物。对孩子来说，这种实地参观和品尝带来的感受更真实丰富。我就曾经带孩子们去内蒙古的奶制品工厂参观品尝，还去过北京的饮料企业交流访问，这些都是孩子们非常喜欢且愿意深度参与的活动。

你也可以参照这些方式让孩子进行职业体验。比如，在条件允许的情况下，带孩子去你的工作场所体验一天，让他直接观察你的工作内容。我女儿在小学三年级假期时，就曾经跟随我在工作单位体验过几天，至今她还记忆犹新。你也可以让孩子多参加一些学校或机构组织的职业体验活动、社区组织的志愿服务工作等。参观、访问、交流、参与、体验，都是很好的职业体验机会。

当然，给孩子提供职业体验的机会只是第一步，你还需要注意让孩子有信心去完成这些富有挑战的任务。

你要帮助孩子克服之前的紧张；消除他对参与工作可能会失败的担忧；告诉孩子体验更看重过程而不是结果；鼓励他多观察、勤思考，勇于提问。

例如，孩子有一天跟你去"上班"，你让他独自去打印一份资料。孩子不太会使用打印机，担心看不明白、担心按错键、担心打不出来等。这时你要让他知道，重要的不是让他打一份完美的资料，而是让他体验在工作中可能会碰到困难，要勇于解决困难，学会在解决困难时如何向他人求助，如何在完成任务的过程中跟人合作等。这样，孩子在面对困难时就有了足够的心理准备，也会更有信心了。

最后在实践结束后，多引导孩子思考过程中的收获，少评价结果的成败好坏。帮孩子把实践和收获关联，而不是和挫败挂钩，才能让孩子通过实践总结经验，提升自信，加深对职业的认识。

欣大侠的小故事

关于孩子以后想做什么这一点，我和欣欣的爸爸都没有对欣欣做过多干涉，因此她的梦想也总是在变。

小时候，欣欣除了想当高速公路收费员，还想做超市收银员。我给她买了个超市收银台玩具，她在忙忙碌碌售卖货物中，学会了简单的计算和归纳整理。

欣欣5岁那年，北京奥运会申办成功了。她开始关注志愿服务。我支持她申请成为联合国儿童基金会的小小福利宣传员、知心姐姐小志愿者、北京志愿者等，她身体力行地做了很多公益活动。

小学中年级时，欣欣热爱上了写作，我们家聊天的话题经常围绕着中外名著和文坛大师展开。她的偶像一变再变，但对写作的热情却一直没变。有一天，她还像模像样地分析："要想当作家，我还是得先把语文学好，作文写得好才行啊！"

从小到大，欣欣的梦想千变万化，我们总是抱着支持的态度。

除了对欣欣的自我探索保持支持态度以外，我们也从来不在女儿面前避讳自己工作方面的事情。不管是光鲜亮丽的，还是灰头土脸的，她看到的都是我工作时的真实情形。但影响她至深的，是我对家庭教育事业发自内心的热爱。

当欣欣渐渐长大，她也开始支持我的工作。

自2020年初至2022年末，由于疫情原因，我把"T.E.S.父母成长课"从线下搬到了线上。每当需要开直播讲课时，她都尽量保持安静。有时我拖堂时间过长，欣欣还会暖心地为我续水。

有时，当我忙到分身乏术时，我还会抓欣欣来做我的小秘书，我签名时她帮我翻开书页，我做活动时她帮忙把材料分类。

欣欣从不抵触这些事，相反，每次她被"委以重任"后，甚至比我还要干劲十足。当我们分工合作，共同完成所有任务后，哪怕她已经忙得满头大汗，也总会露出成就感满满的得意表情。

虽然欣欣现在对未来想做什么工作还是没有特别明确的目标，但我并不担忧。

因为欣欣体会过收获的满足，也能理解工作的辛苦；知道自己的兴趣，也明白某些能力的不足。我相信，这些探索都是她做好自己生涯规划有力的支撑。

身：从前文中你可以看到，欣欣从小到大，对职业的设想几经变化，并且依然在变化当中。我知道，这些是她对社会的思考，符合少年儿童职业生涯发展的规律。

心：无论是幼儿时期还是少年时期，欣欣对职业的探索都伴随着好奇和愉快，因为这是依据她的兴趣面选择的。我非常欣赏，并鼓励、支持她这些可贵的探索。我对工作的态度是发自内心的热爱和满足，我也经常跟欣欣分享这些感受。

育：孩子会一朝从学校毕业走上社会，但他们不会一夕长大。因此生涯规划不是一时的任务，而是一生的计划。

欣欣小的时候，我仅仅是鼓励她可以有任何小梦想，并帮助她实现梦想。

当她能把似是而非的梦想渐渐变得更现实时，便激发出她学习的远期目标，从而让她把学习当成自己完成梦想的必经之路，而不是父母、老师强加给她的任务，最后达到自我管理、自我成就的学习和成长状态。这是为孩子做职业生涯规划很重要的一个意义。

我邀请她来帮忙时，是她对职场工作的真正体验。这时，她明白了职场中有规则，会克制住自己在会议室白板上画画的冲动。这种自我约束是思维的进步，也是职业体验的收获，更是她在成长路上收获的可贵品质。

第九章

做一个值得自己和他人尊重的人

📝 曼云会客厅 <‹<

我儿子浩博今年大二，不过前段时间他休学了。说是休学，其实和退学也没太多差别。

浩博从小就聪明，从小学到高中，他都是妥妥的学霸，基本上每次考试都是第一。我儿子还特别要强，如果有哪次考试被别的同学拿了第一名，他回来后都能难受好久，然后也一定会挑灯夜战，他总说要在下次考试的时候再把第一的"宝座"给抢回来。

孩子这么上进，我和他爸爸都乐见其成。

我儿子也没辜负我们对他的期望，高考顺利通过了清北录取线。我和他爸都高兴坏了，浩博却很淡定，觉得自己考这个成绩在他意料之中。

本来一切都好好的，可没想到等到浩博入学后，就开始出问题了。

先是他不太适应宿舍生活。他每次回家都会向我们抱怨舍友太奇葩、没素质，到后来还说寝室的其他舍友联合起来排挤他。到最后，我们没办法，只能和他说要是实在不习惯，我们就给他在学校附近租套房子。

除了宿舍，浩博在学习上也有各种不顺心。

自从上了大学，他就没拿过第一了。这件事我们都能接受，毕竟清北这种学校，是全国人才云集的地方，总会有比他更优秀的人。可是，浩博却无法接受这一点。

他开始变得特别有攻击性，说话的时候总是爱贬低对方，常和别人发生口角。一年下来，一个朋友也没交到。因此，一些小组作业都因为他不配合而没法完成。辅导员找他谈话，说他协作性差，他还不服气，觉得辅导员是故意针对他。

有一次大考前，浩博铆足了劲准备，结果只得了第五名。他非常愤怒，觉得排在他前面的那几个同学肯定作弊了，于是他到系里去举报，要求老师彻查。结果当然是子虚乌有。这件事发生后我儿子不仅被记过处分，也把同学们都给得罪了。

自此之后，浩博就不去学校了。现在除了仇视学校，他还觉得自己也一无是处。

我怎么都想不到，我的学霸儿子会辍学！

——来自浩博妈妈的分享

💡 点对点，真知道

◎身：浩博的世界里仿佛只有一件事，就是学习，他对自己的评价也唯成绩论；他的人生只有一个目标，就是考第一名，在这个目标的驱动下，他把同伴当作竞争对手。浩博的父母只为儿子成绩感到骄傲，但忽视了孩子的社会化教育。

◎心：浩博虽然从小到大都是学霸，但好像并没有过积极的情绪。因为他对自己很苛刻，他认为自己得了第一、考上清北是理所当然，而如果得不到第一，就会产生难受、不满、愤怒等负面情绪。

◎育：如果对人生的认识只有单一评价，且这个评价还是建立在和他人比较的基础上，那失败和痛苦将无法避免。

经过交流，浩博妈妈意识到，他们以前只关注成绩，没有发现孩子对自我的评价过于单一。我建议她从现在开始，先拓宽对浩博的评价。在学习方面，尽量针对他的努力而不是成绩进行评价；在其他方面，如习惯养成、为人处事等，找到他的优点和具体事件，并鼓励他尝试去发现自己的优点，帮助浩博慢慢建立起积极的自我评价。

接下来，再帮助浩博理解什么样的行为是损人不利己的，比如贬低他人，哪些是有价值且符合社会价值标准的，比如尊重差异、与人合作、欣赏他人等。这些可以通过分析文艺作品中相关角色的言行，或者带着浩博去一些场合观察现实中成年人的表现，然后经过充分的探讨来完成。让浩博自己总结出一些他能理解且愿意发展出来的品质，尝试去实践，提高他人际相处方面的社会化程度。

最后，浩博和父母一起重新审视自己的定位、未来的方向，甚至还谈到了怎样才是有价值的人。当浩博把追求第一名的执着放下后，他试着接纳自己的不足，尊重他人的观点，慢慢地融入了学校。后来听说他大四时表现优异，申请到了一个硕博连读的项目。

是什么

家庭教育是孩子走向社会舞台之前的彩排，为孩子的人生大厦打下基石。本章是社会化篇的最后一章，也是《家庭教育，真知道》这套书的最后一章。在这一章，我想和你谈谈帮孩子终生成长，做令自己尊重的人，也能获得他人发自内心的尊重。

尊重是一种积极的心理状态，人本主义哲学家艾瑞克·弗洛姆说过：尊重生命、尊重他人，也尊重自己的生命，是生命进程中的伴随物，也是心理健康的一个条件。

尊重他人指的是由于某人的优点或成就而对他产生的强烈认可感。尊重自己则是对自己的肯定、对自己有信心，认为自己是一个有价值的人、是值得别人尊重的人。

为什么

人的一生很长，可父母能陪伴孩子成长的时光只有短短十八年左右。虽然你不能为孩子铺平一生的道路，但可以帮助他建立出内在的行为准则，可以帮助他无论在人生遭遇何种境遇时依然能肯定自己，尊重他人，并被他人尊重。这是父母能给予孩子更深远的教育，可以通过成为自我尊重的人来实现。

获得幸福感的内在力量

人的一生中，拥有较多的财富或得到较高的荣誉，的确能带来一时的满足。而做一个尊重自己、尊重他人，与此同时还能收获他人尊重的人，则是令人持续产生幸福感的根源。

这种感觉是自我悦纳、自我认可带来的，让他人发自内心地对自己产生喜爱和尊敬。

小钰从一年级起成绩一直是优秀，时常被老师们当作标杆夸赞，而且每年都被选为班长。

但从六年级开始，小钰的情绪经常很低落。

她们班新换了一位班主任田老师，田老师鼓励大家各展所长，评价标准比较多元。无论是体育取得了好成绩、宣传板报得了奖，还是卫生打扫得干净赢得了流动红旗，田老师都会对同学们大加赞赏。小钰觉得同学们每天都在被老师表扬，而考试又不是天天有，她从一个"班之骄女"变得可有可无了。

期中考试时，小钰的成绩没有拿到优秀，她拿到卷子就趴在桌子上哭了。

旋子和小钰是同班同学。旋子的学习成绩在班里处在中上水平，她是个乐天派，整天笑嘻嘻的，仿佛天底下没什么难事。

六年级时，旋子主动请缨负责板报工作，每次完成新的板报，她都笑眯眯地欣赏很久，仿佛做了一件了不起的大事。

期中考试的语文卷子发下来，只见旋子喜不自禁。同桌好奇地问她："你也不是最高分，怎么这么高兴啊？"

旋子高兴地指着作文说："你看，我这次作文才扣了1分，这可是有史以来我作文得到的最高分啊！"

单从外部来看小钰和旋子两人，无论是学习成绩，还是在班级中的"职位"，都是小钰更胜一筹，但很明显旋子的幸福感却比小钰更高。这是因为，小钰对自己的认可，一部分建立在他人的赞美之上，一部分需要极端的"优秀"才能被满足；而旋子的自我认可、自我接纳程度较高，她对自己的付出和结果都感到满意。

📖 自己内在的行动标尺

自我认可并不是没有原则、无论自己做什么事情都能够接纳的自欺欺人，也不是总活在他人的期待和评价中，而是对自己的性格、言行和能力都感到满意的自我肯定。

安虎刚读研三，已经得到了保送到一所名校攻读生物学博士学位的机会。

安虎被录取时的狂喜并没有维持太久，在接下来的条件审核中，他一直惴惴不安。原来，安虎想在短期内多发表论文，以便给申请增加一些筹码，便借着帮导师工作的便利，抄袭了几位本科学弟学妹的毕业论文内容，用在了自己发表的论文当中。这次保送的机会非常难得，审查也分外严格，安虎的内心越来越煎熬。

这个保送机会还有一个竞争者，叫万辰，因为在发表论文方面不如安虎而落败。虽然在外人看来，他是因为没有安虎优秀才失去了这次机会，但他并不是太在意，也没有因此沮丧太久，现在正在夜以继日地学习和做实验。万辰相信，以自己当前的学业水平，再努力一年，定能申请到攻读博士学位的机会。

社会上类似安虎这样，利用不当甚至令人不齿的手段赢得暂时成功的大有人在。但是他们会内心不安，日子过得诚惶诚恐，长期伴随着羞耻和恐慌。像万辰这样看似一时失败，但他能不被外界的评价干扰，肯定自己的努力，对自己能达成目标充满信心，生活得光明磊落。这正是"君子坦荡荡，小人长戚戚"。

苏联著名教育家苏霍姆林斯基曾说过：没有自我尊重，就没有道德的纯洁性和丰富的个性精神。

帮助孩子做一个尊重自己的人，让他能够使自己有尊严地生存，不做令自己不齿的事情，拥有健康的心理状态，是父母能给孩子最好的家庭教育，也是令他受益一生的礼物。

怎么办

三个智慧父母锦囊，助力孩子成为他自己

你身边也许有这样的人，他们的人生看起来按部就班、分外顺遂，但是他们好像并没有真正地满足，也没有发自内心的幸福感。

杨子上小学时，他的爸爸和妈妈离婚了，杨子的抚养权被判给了妈妈。从此妈妈没有再婚，一心培养儿子。杨子早早懂事，从小到大都是乖孩子。小学放寒暑假，同学们去参加各种夏令营，他听从妈妈安排苦练钢琴；中学放假，

妈妈说要抓紧时间复习预习，否则开学就落后了；上大学时选了离家近的一所高校，每周末同学们相约出行，杨子回家陪妈妈；硕士毕业后分到本市一家规模较大的国企工作，随后娶妻生子，和妈妈住在同一个小区。三十几岁时，杨子坐到中层领导的位置，在企业改制的过程中，杨子有些难以适应变化。当同事们提出一个又一个改革设想，摩拳擦掌想要实施新方案时，杨子自觉上不去下不来，上班时处境尴尬。

下班后杨子也不想回家，怕听到妻子对婆婆过度参与他们生活的控诉，也怕看见妈妈觉得他不够孝顺的不满眼神。他常常下班到了楼下，宁愿坐在车里发呆。杨子想想生活中，愧对妈妈含辛茹苦把自己养大的殷切期盼，也因做不到全心全意维护妻子而自责；工作中，因缺乏创新能力跟不上改革的脚步，辞职又没有勇气，他一时只觉得自己一无是处，前路渺茫。

你只要回顾自己的过往便可以明白：当你满足了自己内心真正的需要时，幸福才会叩开心门。当杨子一切只为遵循妈妈的意愿时，他也失去了成就自己、自我认可的机会。敢于让孩子去探索自己的人生，才是父母对子女无私的爱。放下对孩子的掌控欲，对父母来说既是勇气，又是智慧。做到这一点，你可以先向自己提出三个问题，这也是助你成为智慧父母的三个锦囊。

锦囊一：

当你向孩子提出一个个要求时，问一问自己：这是符合孩子当下发展规律并对孩子的成长有帮助的，还是在拿父母的权威，用自己认为对的条条框框约束孩子？

如果答案是前者，那需要通过孩子的反应来检验。那些孩子付出一些努力就能做到的要求就是合理的。比如你要求孩子按时起床、保持房间整洁有序、运动矫健、善于表达、书写工整、作业整洁、学了都会、考试都对、成绩优异、珍惜时间、遵守规则、令行禁止……相信读到这里，你可能已经明白：并非你认为正确的要求，就一定是合理的。虽然这些要求都没有错，但如果拿它们作为行为标准，估计只有机器人才能做到了。

正确的做法是，父母要根据孩子当前的能力提出要求、给予支持，帮助孩子明白这是他自己的责任，并接纳他在完成过程中的不完美。就拿孩子按时起床这件事来说，你不能要求他自己就能像闹铃一样准时，且一年365天日日能做到。

西西刚上小学一年级，第一个星期，每天妈妈叫她起床后，西西都得发一通脾气。周末，全家人召开了一次家庭会议，讨论关于早上起晚了导致上学迟到的事。西西说："我的同桌星期五的时候就迟到了，他喊了报告后走进来，但所有的同学都盯着他看，他怪不好意思的。下课后，老师还找他谈话了。"

爸爸总结道："是啊，上小学后，按时到校是必须要遵守的规则。"

西西妈妈知道，西西从小睡不好被叫醒就会有起床气，很理解地问西西："这一个星期妈妈看你起床以后总是心情不好，可是又不能迟到，这怎么办好呢？"

西西有些不好意思地说："我这个起床气的坏毛病真得改改了。"突然，她眼前一亮，说道："妈妈，您以后叫我起床后，就给我放我最喜欢的动画片主题曲听，好不好？我一听那个就开心了。"

爸爸妈妈都认为西西的这个办法好，大家决定第二周试一试。

对于刚上小学的西西，爸爸妈妈耐心地帮助她理解学校的规则，理解她起床后控制不住的小脾气，最后把问题交给西西，启发她自己提出了解决方案。

正在快速成长的孩子对睡眠时间的需求比较多，所以不仅小学生很难做到按时起床，对中学生来说按时起床也不是一件容易的事情。有一次，我和一个高三的孩子聊天，他告诉我，自从他上高二以后，妈妈对他起床的事全权放手，不仅不再督促他起床，就算他迟到了也决不帮他请假。果然，妈妈说到做到。他因为迟到被老师批评了几次以后，想了各种花样起床招数，最后发现一款需要使劲摇才能停止闹铃的手机软件最管用。我也下载了试了试，发现等把闹铃摇停后，人也完全清醒了，果然堪称起床神器。

你看，无论是小学生还是中学生，给他适度的任务、足够的时间，当孩子把要求当作自己的事情时，他总能想出好办法。

如果无视孩子成长的规律，只拿出父母的权威，让孩子做到所有你认为对的要求，那就是苛求了。孩子不仅做不到，还会因自信被打击，失去自我探索的兴致和追求成就的动机。

锦囊二：

当你向孩子提出一个目标时，问一问自己：这是孩子自己有意愿且能做到的，还是父母希望他能做到的？

父母大都希望孩子成绩优异、多才多艺、优秀卓越。但事实是，无论是在一个班级、一所学校，还是在一个地区、一个城市……就在孩子同年级的同龄人中，也永远有人遥遥领先，有人远远落在后面。

任何一个结果都是由一个庞大的系统造就的：有孩子的智力水平、发育程度、理解能力、情绪状态、性格特点、成就动机等属于他自己的内部系统，还有父母的教育理念、教养态度、提供的支持、家庭氛围等构成的家庭系统，也有学校的办学理念、课程设置、老师的教学方式、班级的文化氛围等构成的外部系统。父母如果不考虑这些，只一味地根据自己的希望制定目标，只能是强人所难，并且容易把结果单纯怪罪于孩子。

因此，这个问题有助于你反思，首要考虑孩子能够并愿意做到的目标，这样的目标才有最大可能被实现。

锦囊三：

当你因对孩子不满意而发火时，问一问自己：是为了帮助孩子修正他的错误行为而发脾气，还是因为孩子的行为不符合我的期待或者成绩不理想有损我的颜面而生气？

如果你自问的结果是后者，说明发火只是你发泄情绪的无理行为。比如孩子期末没考好，而你同事的孩子成绩优异，你面子上挂不住，回家把孩子吼一顿。这样做不仅影响孩子的情绪，还破坏亲子间的情感。孩子会认为你爱的不是他，而是他能得到的好成绩。

即使你的答案是前者，结果也是弊远远大于利。事实证明，用发脾气的方式解决问题，往往会事与愿违。孩子也许一时被震慑住，但他很可能面服心不服，下次遇到类似的情况会极力掩饰，甚至为了避免父母的怒火而说谎。这些都是孩子为了"应付家长"而发展出来的策略，使亲子间失去最基本的信任，因此对孩子发火并不是对孩子成长有助的行为。

在冲孩子发火前给自己提个问题，是一种很好的沟通方法，叫"积极的暂停"。这种停顿可以暂时阻断负面情绪。在你回答问题的时候，思维的过程会让理智回笼，再说出口的话就不是泄愤，这样才能起到教育的作用。此外，作为父母都免不了因为孩子的事情而生气，这时，本书第二章中的"三段式沟通法"也可以很好地帮助到你。

做尊重自己并被他人尊重的人，要先有一个自己能做主的人生。以上三个问题分别代表了"正视孩子的能力、尊重孩子的决策、不向孩子泄愤"这三个智慧锦囊。这三个锦囊能帮助你做到不给孩子设限，不让他按照你给出的模板生长，不让他背负着父母期待的枷锁，从而迈出成就孩子无限人生的第一步。

📖 帮孩子认识自己，找到尊重自我的支点

每个人都是独一无二的，有人为自己的才华而骄傲，有人以能为社会做贡献而自豪，也有人把家庭幸福当作重中之重……做尊重自己的人，最重要的关注点是自我认可，而非他人评价。你可以从三分的角度帮助孩子认识自己，找到令他实现自我尊重的支点。

身：觉察自己的优势

一个人的优势，往往是由于他在这方面具备先天和后天的条件共同成就的。比如，一个人先天嗓音条件好，再加上环境的熏陶和系统的培养，就有成为歌唱家的可能。从自己的优势开始，容易发现长处，了解自己的能力。你可以通过反馈和提问两种方式，帮助孩子觉察到自己的优势。

你可以在学习生活中观察孩子有哪些优势优点，比如细心、沉稳、爱思考、逻辑能力强、表达能力好、善于理解他人等。把这些观察发现，再加上一两件具体的小事情，一起告诉给孩子，这种建立在客观事件上的反馈，能让孩子意识到自己可能尚未觉察的优势，缩小他的盲区。

你还可以问一问孩子：你觉得自己在哪方面有优势？语带真诚的提问可以帮助孩子探索、发现自己的优势，帮助他确认自己有哪些能力。

心：找到自信点

有些人无论生活多顺遂，他都一脸焦虑，担忧永远大过信心：不敢做决定，担心出错；对自己评价过低，认为自己什么都可能做不好。对自己失去信心的人，很难认可自己。问问你的孩子，什么更能让他愉快、自信、有成就感，这些就是他能够获得自信的点。在帮助孩子寻找自信点过程中，你要注意以下三点。

首先，你要认可孩子努力的过程，而非结果。认可过程可以帮助

孩子总结经验，认可结果只会增强他的好胜心。

其次，你要允许孩子出错，认可他做得对的部分。揪住孩子的失误打击他，只会让孩子畏惧失败，踌躇不前。把事情一分为二来看，认可对的部分，接纳失败和成功一样，只是一种可能出现的结果，则可以让孩子不会因失败而全盘否定自我，有勇气不断尝试。

最后，注意不要陷入比较的黑洞。拿孩子和别人比，就是和那个庞大到无边界像黑洞一样的外部系统比，注定会失败。你要关注孩子的努力、能力和进步的内部系统，帮助孩子找到属于他自己的自信点。

爱因斯坦曾说过："每个人都是天才。但如果你以爬树能力来评断一条鱼，它将一辈子相信自己是个笨蛋。"你的孩子是鱼，就为他精湛的泳技喝彩；你的孩子是雄鹰，就欣赏他在天际翱翔；你的孩子是考拉，就享受他的呆萌可爱；你的孩子是流水，就鼓励他奔向远方……

育：确定自己的人生方向

古今中外，有很多名人志士用一生去实现童年的抱负，即使在困难重重的艰苦时刻，他们也没有失去方向，最终成为那个令自己尊重的人。当他们站在人生尽头回顾自己的来时路，也会为自己的一生做一个无愧于心的总结。

你可以在今天的家庭教育中，使用两个小技巧，为孩子明天的人生路做好铺垫。

小技巧一：用座右铭为孩子的人生目标导航。

你可以用榜样的力量帮助孩子理解座右铭。比如，给孩子讲讲名人小时候的故事。我曾经给女儿读过余心言爷爷写的《英雄少年时》这本书。书里的30个小故事讲述了30位英雄人物少年时的事迹，每个故事主人公的国家民族、所处的时代背景、后来从事的职业都各不相同，但他们有一个共同的特点，就是在年少时便志存高远。其中一篇《为中华之崛起而读书》，讲的是少年周恩来目睹了国人被欺、国弱民不强的种种现状，于是立志"为中华之崛起而读书"。少年时的远大志向被周恩来总理终生实践，他为祖国奉献了一生。

你还可以跟孩子分享你的座右铭，告诉孩子你人生努力的方向。我在少年时期学习了一篇课文《纪念白求恩》，毛主席的那段话深深地打动了我：一个人能力有大小，但只要有这点精神，就是一个高尚的人，一个纯粹的人，一个有道德的人，一个脱离了低级趣味的人，一个有益于人民的人。从那时起，这段话就成了我的座右铭，每一个新的日记本的扉页，我都会写下这段话。几十年过去了，它依然能够帮助我在任何境遇下找到方向，坚持做自己认为有价值的事情。

最后，请孩子选择他的座右铭，并可以和他一起讨论，帮助他对此有更深入、多元的理解。在这个过程中，你可以引导，但要尊重孩子的选择，同时要接纳变化。

小技巧二：用人生总结为自己立书。人们对自己人生的整体定位和评价，也会成为人所追求的方向。

著名作家巴金曾说过：我的一生始终保持着这样一个信念，生命的意义在于付出，在于给予，而不是接受，也不在于争取。

德国数学家鲁道夫·范·科伊伦在生前为自己准备的墓志铭是一串数字：$\pi=3.14159265358979323846264338327950288$。这个代表着他投入了毕生的精力，把圆周率计算到小数点后35位的数字，是当时世界上最精确的圆周率数值。

我曾经带孩子们做过一个有关生命和梦想的活动，名字叫"给五十年后的你写一封信"。孩子们想象自己在五十年后的某一天，成为自己想要成为的、令自己尊重的人。最后讨论时孩子们说，他们知道这一天来得并不容易，在追求的过程中有挫折也有挑战，但他们明白自己的目标，确定了人生的方向，就会坚定自己的追求。

你也可以带着孩子，让思想跳出当下，站在未来的某一天看看自己的人生，会做出怎样的自我评价。让他思考一下，他在多年后将为自己谱写一本怎样的人生之书？

帮助孩子提升自我价值感

尊重自己是对自己个性、能力的认可。人在每一个生命阶段都会通过学习提升能力，如果人们能够对自己各方面进行积极的自我评价，就会在不经意间提升对自己的尊重程度。此处，父母依然可以从三分视角帮助孩子实现终生成长、提升自我价值感、做对社会有价值的事，成为值得自己和他人尊重的人。

身：成为孩子终生成长的榜样，让每一段生命都精彩

人的一生，每个阶段都伴随着相应的学习任务而来。婴儿期学习吃、喝、拉、撒、坐、立、行；幼儿期学习表达、交流、生活规则；童年期学习学科知识、人际交往、完成任务、融入学校；青少年期学习自我探索、深入学习知识、准备融入社会、为成年做准备；成年后步入社会，要学习打拼事业、建设家庭、养育孩子、赡养老人，在社会中占有一席之地；老年时要学习适应新的身体状态、应对疾病的困扰、接受亲朋好友的离去、面对死亡的现实……

历数下来，人的一生当中唯一不变的就是变化，从未停歇。当你关注人生每个阶段需要完成的任务，积极获取知识来应对改变时，就为孩子树立了一个终生成长的榜样。

"T.E.S.父母成长课"上，经常出现孩子、爸爸、妈妈全家人一起听课的场景。每当网络课程结束后合影时，都能看到满屏小学员灿烂的笑脸。令我感动的是，有一次上课，最小的"学员"竟然是刚出生两天的婴儿。

有的孩子从开始要求父母陪伴，到好奇父母在干吗，再到后来提醒父母："今天晚上记得要上课啊！"当我知道有"小学员"也在听课时，我会把课尽量讲得通俗易懂，以便让"旁听生"们也能听明白。

有一次，我采访了一位上小学五年级的"小学员"朱朱："我看你妈妈上课时你经常旁听，你能听懂吗？"

朱朱很自信地说："听得懂啊！您讲的那些沟通方法，我听完就跟同学使用了，您别说，还挺管用呢！"

"看妈妈作为一名大学教授还在学习家庭教育，你有什么感受呢？"

"刚开始我不太理解，但后来我发现妈妈对我的态度有很大的改变。她发脾气少了，我们俩交流多了。我这才知道，原来做父母也需要学习啊！现在妈妈偶尔冲我发火，我也不跟她计较了，因为她也在努力学习做一个好妈妈啊！"朱朱大度地挥着手说。

在朱朱家里，妈妈的行为让朱朱感觉到学习成了一件有趣、有用且每个阶段都需要的事情。

我还有一位学员，她是三个孩子的妈妈，因为远在俄罗斯读博士研究生，她每次上课都需要克服两个小时的时差。但是三年下来，她几乎没错过任何一次直播课，笔记和作业也写了厚厚的几大本。有一次她在班级里分享："我通过学习真的有非常大的收获，也重新审视了自己的成长。就在上周我才对生活、教育和人生有了新的认知：生活不是模仿，不是复制，无须和他人相同；教育不是为了成绩，不是为了优秀，不是为证明，而是为了发现自己生命的意义。"

父母不功利地学习，孜孜不倦地探索，用精彩的生命形态，成为孩子终生成长的榜样。

心：肯定训练，建立积极的自我

来到我咨询室的人里面，有很多人会对自己做出不客观的贬低性评价，诸如"我做不到""我不行""我不配"……对自己有这类评价的人很难发自内心地感到快乐，在自我否定的主导下，难以建立对自己的尊重。

我曾经给"T.E.S.父母成长课"的学员布置了一项进行自我认识的作业。有一位妈妈这样写道：我是个有点懒惰不爱运动的人；我太容易妥协；我经常陷入情绪低谷；我脾气暴躁；我遇到困难就轻易放弃；我记账坚持不了十天；我有社交恐惧症……令我惊讶的是，她在自我批评方面如此有才华，写下来二十项，竟没有一条是优点。

那节课后，我给她布置了一个"积极肯定的流畅性训练"：每天睡觉前，写下今天观察到的一到三条自己值得肯定的特点。

三个月下来，她越写越顺畅，笑容越来越多，人也越来越自信。后来，她成了能带领小组成员一起讨论的学习组长。

有研究表明，用大量书写或陈述和优点相关的正面信息的方式，做"积极肯定的流畅性训练"，可以在不断的自我肯定中，对自己做正向强化的反馈，能形成积极的自我评价。

你也可以带着孩子每周做一次这样的训练，可以每周定一个主题。比如：令自己感到骄傲的事；感到开心的事；对他人有帮助的事；为家庭或者集体做出的贡献；感到有价值或有意义的事。每次只需要花3分钟，在有限的时间内，尽可能多地写下和主题相关的积极事件。这样的训练，可以让孩子建立积极的自我，提高自我认同感。

育：做对社会有价值的人

马克思主义认为，人的价值是人对自己、他人乃至社会需要的满足。

我们大多数人都是平凡的。你只要在生活中做对他人有帮助、对社会有贡献的事情，就是对社会有价值的人，同样能提升自我价值感。

曾经有研究者找来一些退休老人，请他们去社区医院和托管中心做一些力所能及的事情。比如当志愿者，照顾那些患病的儿童或者需要被照看的孩子，有些老人每周工作时间超过15个小时。经过一段时间后，研究者发现，这些老人当上志愿者之后，身心健康水平大大提高，因为他们在付出中感到了生命的意义和自己的价值。

很多类似的研究发现，一个人在生活中做的值得自豪的事情越多，他就越容易认识到自己的价值。因此，你可以鼓励孩子去做志愿者服务社会，照顾宠物，帮助别人等，这些有意义的事给别人带来价值的同时，也提升了孩子的自我价值感。

一个思想和行为足够自由的人，找到自我尊重的支点且有明确人生方向的人，有积极的自我价值感并能为社会做出贡献的人，一定能在生活中感到幸福，做自我认可的事，成长为尊重自己并能被他人尊重的人。

欣大侠的小故事

习作：在你心目中，我们的祖国是什么样的？请你以"我心目中的祖国是……"为开头，写一段话。字数不少于100。

这是2018年10月，欣欣所在的小学三年级上学期语文试卷的最后一道题。

八岁半的欣欣写下了这样一段文字：

我心目中的祖国是没有战争的国家，是每一个人都能得到教育的国家，我很幸运在这里出生。每天早晨能得到宁静而不是炮火；每天衣食无忧，而不是吃不饱穿不暖；每天得到好的教育，不会让想学习的孩子因为贫困而不能上学。我爱我的祖国。

看到八岁时的欣欣写的小习作，虽然语言不够严谨，语句不够通顺，但我由衷地为她感到骄傲。因为在她小小的胸襟里有一个大大的心胸。她从六岁开始成为联合国儿童基金会的小小福利宣传员，在公益活动中，她不仅在付出中体验到成就感，还了解到这个世界上有很多儿童并不能像她一样享受到儿童权利。她心怀悲悯，也心存感恩。

一至五年级欣欣都是班级的组织委员，六年级班委选拔时，她的同学扬扬当选了组织委员，欣欣就当了宣传委员。刚开学的一个多月，欣欣组织同学们画班级板报、写班级宣传文案，还承担了一部分教学楼公共区域的美化任务。欣欣每天放学回家写完作业，都需要花一些时间精心准备这些内容，有时做到很晚才睡觉。

宣传工作终于告一段落，刚休息几天，我看欣欣又开始忙了，便有些好奇地问她："宣传的工作都做差不多了吧？最近又在做什么呢？"

欣欣说："马上要开班会了，新的组织委员不太熟悉工作内容，这次有外校老师来听课，时间又紧张，老师说还是让我来策划统筹。"

"的确，很多事情是需要有经验。"我表示能理解老师的安排。

"我先写一个策划稿和流程，然后我会带着扬扬一起做，这样她下次就好上手了。"欣欣一边在电脑上忙活一边解释。

我看了看她做的PPT，在策划那一栏，她把自己的名字写在了扬扬名字的后面。欣欣是一个非常认真的孩子，从小学一年级起，她基本每次都会保质保量地完成学校的任务。

虽然每个学期都会因为这些工作花费她大量的时间，但这是欣欣自我价值的体现。我认为对欣欣来说，这些时间比用来多做一些题更有价值。

这一次，她对临时分配的任务勇于承担、不推诿，对团体合作中的角色定位清晰、不居功。这令我刮目相看，这些不仅是她尊重自己非常重要的支点，也是值得我尊重的品质。

欣欣小学快毕业时，有一天放学，她兴高采烈地对我说："妈妈，今天数学考试，我在最后一刻检查出了一道大题有错误，马上改了，我简直太棒了！"

"哦，你花了多长时间检查？"我一边点头表示认可，一边问。

"我没注意，但是我是从第一题开始检查的，一直到最后的大题，改完刚好要收卷子了。"欣欣说的时候情绪稍微平静了些。

"全都检查了一遍，那说明你考试时做题的速度还是挺快的，这也是你给了自己检查的机会。"我由衷地说。

"快也不全是好事，最后一题就是在运算的中间出错的，上一步的结果是19，我抄成9了。'差之毫厘，谬以千里'，还好最后改过来了。"

欣欣还自谦上了。

"事情都有两面性，你这个理解很深刻啊！这整个过程就是你应对考试的方法，最后改错是结果，既总结了经验，又得到满意的效果。你真的是太棒了！"我对欣欣竖起了大拇指。

哇，发现错题！我简直太棒了！

我经常听欣欣"自吹自擂"，无论她自我感觉多么良好，我都会认真地倾听，中间还会询问一些细节，最后才由衷地赞叹。因为我知道这是她对自己的肯定，这种肯定有助于她建立积极的自我。

就在修改这篇文章之际，我采访上中学的欣欣：对你来说，一个人拥有什么品质是值得尊重的？

欣欣给出了一些答案，其中排在最前面的三个分别是正直、坚强、实干。

升入中学的欣欣刚开始对一些人和事的公平、公正度要求很高，我并不会因此而责备她过刚易折。因为我知道欣欣从小就充满了正义感，对人对己都要求很高，以她的年龄，黑与白的界限在她眼里太过清晰，有时候就难以忍受灰色地带的存在。

不过，适当的时候，我也会和她聊一聊软弱和包容的区别，接纳和原则如何共存……我相信，她的正直和积极能使她成为令自己尊重的人。我也相信在未来，欣欣能做到刚柔并济，用更广阔的胸怀去拥抱这个世界。

　　一个人对自我的尊重是随着他的年龄增长、认知丰富、环境影响等因素不断发展变化的。我究竟该如何做，才能帮助欣欣在失败时不气馁、不自责，在遭到质疑时相信自己，在艰难时不灰心、不放弃追求，在诱惑面前不做令自己不齿的事；引导她做对自己、他人和社会有价值的事情，尊重自己并赢得别人的尊敬，找到自己人生的意义，对自己感到满意，在平凡的生活中感到幸福，这些是我在家庭教育中一直努力探究的方向。

　　我想起在《钢铁是怎样炼成的》一书中，主人公保尔·柯察金说："人最宝贵的是生命。生命每个人只有一次。人的一生应当这样度过：当回首往事的时候，他不会因为虚度年华而悔恨，也不会因为碌碌无为而羞愧……"

　　这段话，我不是用来教育孩子，而是告诉我自己：把每一个当下作为新的起点，终生学习，不虚度光阴；谨慎使用自己做家长的权利，不要成为孩子的天花板；做有价值的事，走出逆境时依旧要感到幸福。我也把这段话送给能读到这里、真正爱孩子的你，因为你阅读此书的行为，正是为了孩子在终生成长。

　　希望你也能像我一样，因为做父母而常常感到幸福。

家庭教育，让我的人生充满力量

我对家庭教育的探索由来已久，最早是从好奇开始的。

六岁时，我生活在一个大院里，这里有办公楼，也有家属楼。我的父母上班的必经之路不过是从这栋楼到那栋楼。

记得有一年暑假的一个上午，我独自一人在家。门被敲响，一个叔叔笑眯眯地站在门外："你是曼云吧，你爸爸在家吗？"

看到他，我感觉似曾相识，模模糊糊记得他好像来我家吃过饭。"我爸不在。"我回答完就把门关上了。关门的刹那，我仿佛看到了叔叔那稍有些错愕的表情，但我不明就里。

中午父亲下班回到家，表情严肃地跟我谈了一次话。对于上午发生的事，父亲建议我这样做："你应该礼貌地告诉叔叔可以去办公室找我；或者也可以请叔叔稍等一下，你去把爸爸从办公室叫回来。"

在父亲与我的对话中，我牢牢地记住了当时不太理解的最后一句话："不能让别人说我的孩子没有教养。"我有些奇怪，为什么我上午的行为就是没有教养呢？为什么我是父亲的孩子就一定得有教养呢？

上小学那天，父亲送给我一个存钱罐，是塑料材质的小电视模型，打开的机关藏在前面那个可以拿下来的屏幕背后——里面有一枚黄色的小钥匙。父亲说我是小学生了，可以学着自我管理了。从此以后，他每周会给我2元零花钱，由我自己支配，可以花掉，也可以存在罐子里。这个存钱罐成了那段时间我向小伙伴展示找钥匙开锁的新奇玩具，而那些钱也成了当年我从学校门口小吃摊获得快乐的底气。

父亲还说过一句话，也令我印象极为深刻——"书中自有黄金屋，书中自有颜如玉"。当我识的字越来越多，父亲给我买了很多书，每年还会订一些诸如《儿童文学》《作文通讯》这一类的杂志。父亲说"工欲善其事，必先利其器"，他委托老朋友从东北买了松木，请木匠给我打了一个宽大的写字台和两个结实的书柜。父亲这种郑而重之的态度让我不由得把读书学习看作一件很重要的事。与此同时，他说绿色对眼睛好，又亲自把写字台和书柜刷上浅绿色的漆，描上金边。在当时，这样的家具可以说是"高颜值"了，这让我觉得读书又是一件宁静美好的事。

当这些家具"就位"之后，父亲和我一起把书往新书柜里放，还告诉我，爷爷常说的一句话就是"书中自有黄金屋，书中自有颜如玉"。我一边抚摸着书页，一边听父亲讲着爷爷的故事，暗暗思念着未曾谋面的爷爷。从那时起我开始相信书有一种神奇的力量，比如把削下来的铅笔屑夹在书中，不久就会变成翩翩飞舞的蝴蝶。虽然长大后渐渐理解了这并非神话，我却养成了往书里夹东西的习惯——崭新的压岁钱、明信片、门票、几句随笔便签……后来的日子，它们常常在尘封已久后被偶然翻出而得以重见天日，阅读的喜悦就不仅仅是书里的内容，还有这些特别的发现。

自尊、自爱、自立、自强。

言行有度。

读万卷书，行万里路。

戒骄戒躁，不要眼高手低。

内行看门道，外行看热闹；琴棋书画不用精，但要通。

钱短人长。

坐有坐相，站有站相。

食不言，寝不语。

吃饭时要请长辈先动筷，给长辈递东西时要用双手，敬酒时杯口要略低。

……

每每回想我的成长经历，父母曾经说过的这些话语就像电视连续剧的片头，一幕幕再普通不过的场景纷至沓来，每一幕都用简短的语言和深刻的道理影响了我后来对生活的态度。

我父母坚信"上梁不正下梁歪"和"身教胜于言传"。他们会注意自己的言行，很少在我面前发生较大的争执。父亲也经常给我上"思想课"，但我记得最清楚的却是那句永远不变的开场白："爸爸妈妈都是爱你的，我们是开明的家庭，你有什么想法可以表达。"小时候的我不能完全理解，但长大后的我却对这句话充满了感激。因为我知道，能被允许自由表达，是父母对我的尊重和接纳。在我们上学期间，父亲坚持每天早晨五点半起床带我们晨练和晨读。他每天工作之余，看报纸，阅读书刊，写文章，拉二胡，写对联……他对时间和知识珍视的态度深深地影响了我。

我的母亲善良、热情，喜欢做美食。每一个节日，她都循着我不甚了解的"旧例"大张旗鼓地张罗。于是，我也很看重每一个节日的仪式感。小时候，我放学最喜欢大声叫嚷着"妈！饭做好了没？我饿了！"其实我并不是每次都饿了，就是喜欢看母亲马上放下一切，笑着去厨房忙活的样子，好像天底下最重要的事情就是孩子要吃饭。

我的父母都很大方，爱分享。那时，刚分到他们单位的年轻人经常来我家"蹭饭"，我家总是院子里最热闹的。我还记得，父亲常会帮来求助的家乡人解决一些困难，母亲会把用大缸腌制的菜送给邻里亲朋。我母亲最常说的一句话是："人家都张嘴了，不能让话掉到地上。"我的同学、朋友们来了，父母虽然会笑着说"你的狐朋狗友又来啦"，但依然会让他们吃得满嘴油光地离开，以至于很多儿时的伙伴成年以后，还对我母亲做的美食记忆深刻。

在家庭中我学会了与人为善，爱好之一就是交朋友，答应别人的事情尽量做到；我爱上了阅读和欣赏艺术，时至今日，拿上一本好书、看到一件艺术作品或者听到一首古典音乐，童年时那种满怀期待的喜悦就会瞬间回来，洋溢在心间；我也学会了自我管理，计划的工作争取保质保量地完成；我也热爱生活，无论什么情况下，总喜欢把自己所处的环境打理得温馨而整洁。

长大后，我走入社会。这一路伴随着数不清的烦恼和坎坷，我却从来不缺少信心和力量。因为有给我讲家族故事的奶奶，有坚持原则却从不吝赞美我的父亲，有满足孩子从不掩饰爱的母亲，有冲在前面保护我的哥哥。他们传递给我的不仅是为人处事的道理，还有爱，这爱让我即使独自上路时，也感到无比踏实和温暖。

当我建设了自己的小家庭，又和另外一个家庭相遇。我的婆婆在生活中表现出来的智慧和幽默经常让家里充满欢乐，公公年逾古稀依然备课、讲课，对待学术严谨的态度深刻地影响了我的女儿。公公婆婆也给予了我父母般的爱和支持，我出版的"三分生态系统"家庭教育系列图书封面的书名都是公公亲笔写就。他们对孩子的态度又通过子女传递给下一辈。我先生智慧而幽默、认真又松弛，对待孩子极其有耐心，极大地中和了我的急性子。

我想，家庭教育不是体现在教科书中，而是在父母养育孩子长大的每一天的细微小事里，这不才是父母之于子女的责任吗？于是我萌发了写一套书的想法，我用自己原创的"身、心、育三分生态系统"为框架，围绕着孩子的成长需求，梳理了原则、氛围、文化、冲突、教养、品格、成长、格局、社会化等九个部分，通过一些理论和生活中的小故事呈现给读者。

最开始想写这套书时有点迫不及待，拿出框架后特意去向中宣部原常务副部长、中国家庭教育学会首任会长徐惟诚前辈请教，他对每一个部分都给予了理解和肯定。这套书历时三年多，反反复复几易其稿，正因为有徐惟诚前辈的认可和支持，我才得以坚持克服重重困难完成了它。我的恩师卢勤老师，一直很关心我的成长，并笃定地鼓励我，无论是在工作上还是生活中，都给了我莫大的鼓舞。还有《父母必读》《少年科学画报》杂志原主编徐凡老师、我的好朋友肖巍、我的助手贾坤等，也给了我很多建议和帮助。

在此，我要特别感谢"T.E.S.父母成长课"的学员们，他们慷慨地分享自己的家庭故事，并同意我将这些故事分享在这套书当中。这三年来，正应和了我创办成长家俱乐部的初衷：陪伴家庭成长，打造成长家园。我们能够彼此助力，携手共同成长。在一次次的课堂上，除了知识，传递更多的是爱和接纳。我们的课堂内容超越了解决问题的简单诉求，变成对家庭教育的无限探索，甚至是彼此人生更丰富的见证，并让我们成为一生的朋友，这无疑是一件幸运的事情。

是的，家庭教育博大精深，我依然带着好奇心走在不断探究的路上。当我意气风发想要一股脑说得更多更全时，徐惟诚前辈告诉我："你不可能改变所有的家庭，也不可能解决所有的问题。但你可以做到一点，那就是看看什么可能是对家庭有用的，就先去做这些。"于是我暂停下来，把成熟的思考先分享出来，如果能给你带来一点点启发，那就是我最开心的事了。

第二AA

冲突篇：冲突 → 成长
① 直面竞争
② 冲突管理
③ 化解冲突

第一AA

原则篇：家庭教育基础
① 无条件的陪伴
② 接纳·尊重
③ 合作·共赢

氛围篇：家庭教育理想园
④ 有魅力的教养
⑤ 兴趣的魔力
⑥ 游戏的力量

文化篇：家庭文化
⑦ 家庭规则
⑧ 家庭时间
⑨ 家庭仪式感

教养篇：教养——家庭名片
④ 行为习惯
⑤ 与人相处
⑥ 榜样力量

品格篇：好品格赢未来
⑦ 跨越挫折
⑧ 迎接挑战
⑨ 抵制诱惑

第三AA

成长篇：独自出发
① 生命教育
② 提升适应性
③ 养育的力量

格局篇：不设限
④ 用"心"走世界
⑤ 用"思"接收信息
⑥ 用"阅"打破壁垒

社会化篇：走向未来的力量
⑦ 亲密关系
⑧ 职业生涯
⑨ 值得尊重的人

家庭教育真知道